Hugo Wernekke

Goethe und die königliche Kunst

Verlag
der
Wissenschaften

Hugo Wernekke

Goethe und die königliche Kunst

ISBN/EAN: 9783957009135

Auflage: 1

Erscheinungsjahr: 2016

Erscheinungsort: Norderstedt, Deutschland

Hergestellt in Europa, USA, Kanada, Australien, Japan
Verlag der Wissenschaften in Hansebooks GmbH, Norderstedt

Cover: Tizian "Ländliches Konzert"

Verlag
der
Wissenschaften

GOETHE
UND DIE KÖNIGLICHE KUNST

Poeschel & Kippenberg, Leipzig.

GOETHE UND DIE KÖNIGLICHE KUNST

VON DR. HUGO WERNEKKE

VORMALS MEISTER VOM STUHL DER LOGE AMALIA IN WEIMAR

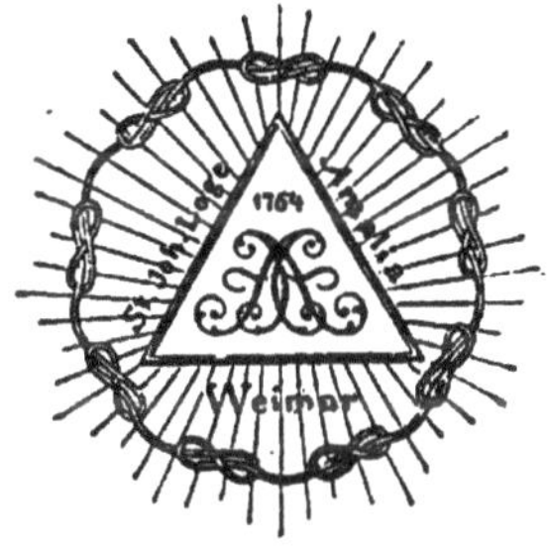

LEIPZIG 1905

VERLAG VON POESCHEL & KIPPENBERG

DER EHRWÜRDIGSTEN

GROSSEN LOGE VON HAMBURG

GEWIDMET

VORWORT

MIT Goethes Verhältnis zur Freimaurerei haben sich eine Anzahl von Studien beschäftigt, die meist in freimaurerischen Zeitschriften veröffentlicht worden sind. Sie knüpfen naturgemäß an Goethes Schriften an, besonders an die unter dem Titel „Loge" zusammengestellten Gedichte; manche berücksichtigen auch Goethes Stellung zur Loge mit Benutzung dessen, was darüber in Weimar zu erfahren war. Dies war jedoch nur wenig, denn die Geschichte der Loge Amalia ist noch ungeschrieben — von einem kurzen Abrisse abgesehen, der ihrem Liederbuch v. J. 1851 vorausgeschickt und seitdem nur durch einige Angaben in den „Freimaurer-Analekten" ergänzt worden ist — und aus dem Logenarchiv war namentlich deshalb nur spärliche Auskunft zu erlangen, weil das älteste Protokollbuch für Jahre abhanden gekommen war. Die unliebsame Lücke suchte man durch Vermutungen auszufüllen. Darin gefiel sich namentlich der frühere Meister vom Stuhl, Professor K. E. Putsche (gest. 1882). Er verwertete sie in verschiedenen, übrigens sehr anregenden Aufsätzen, zu denen seine große und feinsinnige Verehrung für Goethe und Schiller ihn veranlaßte, und welche er in der Loge vortrug, unter Umständen auch anderweit veröffentlichte. Was er darin ausgesprochen, was andere, auf sein Ansehen gestützt, wiederholten, wohl auch aus eigener Phantasie ergänzten, traf nur teilweise zu. Nach sorgfältiger Durchsicht der Akten, zumal des wieder aufgefundenen Protokollbuchs, gab es also mancherlei zu berichtigen. Dies habe ich zu tun versucht in einem Aufsatz über Goethe und die Loge Amalia (Hamburger Zirkel-Korrespondenz 1898) und der neuen Fassung des Artikels „Goethe" im Allgemeinen Handbuch der Frei-

maurerei (3. Auflage, 1900). Beide Arbeiten sind, wie es
geboten war, sehr knapp gehalten, und obwohl das ver-
fügbare Material überhaupt von geringem Umfange ist,
erschien es doch wünschenswert, daß über den Gegenstand etwas mehr gesagt würde. Die vorliegende kleine
Arbeit will also zunächst den Anfragen entgegenkommen,
die von Zeit zu Zeit aus Bruderkreisen noch immer hierher
gelangen. In der Hoffnung, daß sie auch außerhalb
unseres engen Kreises, in der großen Goethe-Gemeinde,
Leser finden wird, sind verschiedene Bemerkungen eingeflochten worden, die sich auf die Geschichte teils der
Loge Amalia und ihrer älteren Mitglieder, teils der deutschen Freimaurerei im allgemeinen beziehen und zum
besseren Verständnis von Goethes Verhalten notwendig
erschienen. Die Darstellung hält sich, namentlich im ersten
Teil, streng an das Aktenmaterial. Was dabei als von
Goethe herrührend heranzuziehen war, ist möglichst vollständig seinem Wortlaute nach wiedergegeben. Alle Zu-
fälligkeiten der während des behandelten Zeitraums von
fünfzig Jahren mannigfach schwankenden Rechtschreibung
beizubehalten, erschien als unnötige Pedanterie. Da man
aber über diese wie über andere Punkte auch abweichender
Meinung sein kann, so schließe ich, nach dem Beispiele
Goethes, „mich wegen des Zuviel und Zuwenig entschuldigend".

Weimar,
am Geburtstage Karl Augusts
     1905.   H. W.

INHALT

VERZEICHNIS DER BEILAGEN

BILDNISSE

FAKSIMILES

Die Bildnisse II—IX und XI und die Goethische Zeichnung wurden nach photographischen Aufnahmen von K. Schwier in Weimar wiedergegeben.

DEN MANEN GOETHES
ZUM JOHANNISFESTE 1880

Dir, Bruder, Vater, hocherhabner Meister!
Dem über ein Jahrhundert heut' als Zeichen
Der treusten Lieb' im Bunde freier Geister
Wir unsre fest verschlungnen Hände reichen;
Der Geister größter und der Freien freister!
Zu dem empor wir streben ihm zu gleichen;
Dir weihn wir uns! Dir weihn wir unsre Söhne,
Daß unsern Bau dereinst Vollendung kröne!

Du hast gestrebt wie wir; doch dein Bestreben
Nach Selbsterkenntnis, die zur Weisheit leitet,
War stets beseelt von urgesundem Leben,
Von Schöpfer-Stärke, die zu Taten schreitet,
Zu Werken, die zum Licht empor sich heben,
Um die der Schönheit Glanz sich ewig breitet:
Du hast wie Israel mit Gott gerungen,
Bis du als Sieger selber dich bezwungen!

Was uns geheimnisvoll mit dir verbündet,
Wird Ungeweihten durch kein Wort verraten;
Doch sei es laut vor allem Volk verkündet
Durch reinster Liebe nimmermüde Taten,
Durch klares Licht, das Geist im Geist entzündet,
Durch ewigen Lebens immergrüne Saaten.
Voran, o Meister! wo du hingegangen,
Zieht uns dir nach sehnsüchtigstes Verlangen.

Der Verfasser, Professor Oswald Marbach in Leipzig
(† 1890), Meister vom Stuhl der Loge Balduin zur Linde, widmete dieses Gedicht der Loge Amalia zum 100jährigen Gedenk-
tage von Goethes Aufnahme in den Freimaurerbund.

I. GOETHE
UND DIE LOGE AMALIA

Poeschel & Kippenberg, Leipzig 1905.

1. IM FREIMAURERORDEN

DIE Freimaurerloge in Weimar wurde am 24. Oktober 1764 gegründet. Es war der 25. Geburtstag der Herzogin Anna Amalia. Daß sie der Loge, die sich nach ihr nennen durfte[1]), ihren Schutz verlieh und bei mehr als einer Gelegenheit ihre Teilnahme bekundete, darf ebenso aus dem vielseitigen Interesse der hochgebildeten Fürstin im allgemeinen erklärt werden, wie aus den besonderen Familienüberlieferungen. Ihr Vater, Herzog Karl von Braunschweig, war dem Freimaurerorden günstig gesinnt; sein ältester Sohn Ferdinand (1721—1792), der Schwager Friedrichs des Großen, war Großmeister der schottischen Logen Niederdeutschlands (Magnus Superior Ordinis per Germaniam inferiorem); der zweite Sohn, Friedrich August (1740—1805), wurde als Socius, Amicus et Fautor Ordinis[2]) geehrt; der vierte Sohn Leopold (1752 bis 1785), seit 1774 ebenfalls dem Templerorden angehörig, hieß Socius, Amicus et Fautor septimae Provinciae (zwischen Elbe und Oder), war Meister vom Stuhl der Loge in Frankfurt an der Oder und starb, ein Opfer seiner menschenfreundlichen Hilfsbereitschaft, bei einer Überschwemmung dieses Flusses. Ihr hochgeschätzter Ratgeber, der Geh. Legationsrat Jakob Friedrich von Fritsch, ward zum beständigen Meister vom Stuhl bestellt[3]). 1731 in Dresden geboren, war er gleich seinem Vater, Thomas von Fritsch (kursächs. Geheimrat und Konferenzminister, 1775), ein fein gebildeter Mann von wohlwollender Gesinnung und ein geschickter Staatsmann. Er wurde 1766 Geheimrat und 1772 Präsident des Conseils, bis ihm mit Rücksicht auf sein schweres Augenleiden i. J. 1800 in gnädigsten Ausdrücken seine Entlassung gewährt wurde. Er lebte dann teils auf seinem Gute Seehausen bei Riesa,

teils in Weimar, wo er 1814 starb. Er war 1762 in Jena
als Freimaurer aufgenommen worden. Die übrigen Mitglieder der Loge waren fast ausnahmslos dem Hofe nahestehende Herren. Ausgezeichnete Männer von auswärts
fanden Aufnahme, so 1765 der kurmainzische Statthalter
in Erfurt, Karl Joseph von Schmidtburg. Doch wuchs
die Mitgliederzahl zunächst langsam, und es fanden während der ersten Jahre wenig Versammlungen statt; erst
von 1773 an wurden sie regelmäßiger. Am 3. September
1775, unmittelbar nach der Übernahme der Regierung,
versicherte der junge Herzog die Loge der von ihm erbetenen Protektion. Am 4. März 1777 beehrte der schon
erwähnte Großmeister, Herzog Ferdinand von Braunschweig, die Loge mit seinem Besuch. Der Obermeister
der Schottenloge zu Leipzig, Freih. v. Hohenthal, der öfter
nach Weimar kam, und verschiedene Freunde aus Jena
und Rudolstadt waren ebenfalls erschienen, und bei der
sich anschließenden festlichen Tafelloge⁴) „hatte die Loge
Amalia das große Glück und die unschätzbare Ehre, außer
dem durchlauchtigsten hochwürdigsten Großmeister und
den anwesenden Fremden und besuchenden Brüdern die
hiesigen durchlauchtigsten Herrschaften, des Herzogs Karl
August, der Herzogin Luise, der verwitweten Herzogin
Amalia und des Prinzen Constantin Durchlauchten, bei
sich zu sehen und zu bedienen. In deren Gefolge befanden
sich die Oberhofmeisterin, Gräfin von Giannini, und vier
Hofdamen von beiden Herzoginnen Durchlauchten, ingleichen die Ehegattinnen der S. E. Brr. v. Fritsch, v. Lynker sen. und v. Witzleben". Es ist immerhin auffällig, daß
zu dieser Festlichkeit auch Nichtmitglieder geladen waren,
wie die höchsten Herrschaften und die sie begleitenden
Damen. Ob auch Hofherren zugegen gewesen, läßt sich
nicht erkennen. Es ist schwer, eine Vermutung aufzustellen, bei welcher Veranlassung Goethes Interesse am

14

Logenleben erwacht sein mag. Daß ihm der Geheimrat
v. Fritsch zunächst nicht freundlich gesinnt war, ist bekannt.
Nicht als ob dieser gegen Goethes Wesen und Persönlich-
keit etwas einzuwenden gehabt — „seine Jugend, seine
Unerfahrenheit in den Geschäften, seine Eigenschaft als
Fremder, das waren die Punkte, die dem streng geschulten
Minister die Mittel, durch welche der junge Herzog seinen
Freund an sich fesseln wollte, als ein höchst bedenkliches
Experiment erscheinen ließen".[5] — Allmählich gestaltete
sich das Verhältnis zwischen beiden freundlicher. Vor
dem Antritt seiner Rückreise aus der Schweiz fühlt sich
Goethe gedrungen, an den Vorgesetzten eine vertraulich-
ehrerbietige Begrüßung zu richten, des Genusses zu ge-
denken, den diese drei Monate der Reise seinem gnädigsten
Herrn bereitet haben, und daran anschließend zu sagen
(Zürich, 30. Nov. 1779): Was mich betrifft, kann ich diese
Zeit unter die glücklichste meines Lebens rechnen, und
wenn ich bei meiner Rückkehr die alten freundschaftlichen
Gesinnungen der Gewogenheit von Ew. Exzellenz noch
unverändert antreffe, so bleibt mir nichts für den Augenblick zu wünschen übrig.

Und wiederum an Herrn v. Fritsch, als Meister v. St.
der Amalia, richtet er bald nachher folgendes Schreiben:
Ew. Exzellenz nehme mir die Freiheit mit einer Bitte zu
behelligen. Schon lange hatte ich einige Veranlassung,
zu wünschen, daß ich mit zur Gesellschaft der Freimaurer
gehören möchte; dieses Verlangen ist auf unserer letzten
Reise viel lebhafter geworden. Es hat mir nur an diesem
Titel gefehlt, um mit Personen, die ich schätzen lernte,
in nähere Verbindung zu treten, und dieses gesellige Gefühl ist es allein, was mich um die Aufnahme nachsuchen läßt.

Wem könnte ich dieses Anliegen besser empfehlen
als Ew. Exzellenz? Ich erwarte, was Sie der Sache für

eine gefällige Leitung zu geben geruhen werden, erwarte darüber gütige Winke und unterzeichne mich ehrfurchtsvoll

Ew. Exzell.

(präs. 13. Febr. 1780)   ganz gehorsamster Diener

Goethe.

Dieses Gesuch wurde den Brüdern durch Zirkular bekannt gemacht, und da sich keinerlei Widerspruch erhob, wurde auf den 23. Juni 1780 die Aufnahme angesetzt. Die Loge wurde in Abwesenheit des Meisters v. St. von Br. Bode[6]) geleitet. Daß Br. v. Fritsch aus persönlicher Abneigung gegen das neu gewonnene Mitglied fern geblieben sei, ist im Grunde eine ebenso leere Vermutung wie die Angabe, daß bei der Aufnahme gewisse Abweichungen von den herkömmlichen Gebräuchen vorgekommen wären. Wenn man bedenkt, daß ältere Herren von Adel sich diesen Gebräuchen unbedenklich unterwarfen, so ist es sehr unwahrscheinlich, daß man dem jungen Manne bürgerlicher Abkunft (was doch nach damaliger Auffassung selbst in der Loge noch in Betracht kommen mochte) einen nach dieser Richtung etwa geäußerten Wunsch erfüllt habe. Wurde doch anderthalb Jahre darauf — das geht aus den Logenakten klar hervor — der regierende Fürst ganz nach dem alten Gebrauchtum zum Freimaurerlehrling aufgenommen. Das Protokoll vom 23. Juni 1780 meldet in der Tat nur: „Die Brr. v. Lynker (Freih. v. L. der Ältere, Landkavalier auf Dennstedt bei Weimar) und v. Fritsch jun. (einer von den drei Brüdern des vorsitzenden Meisters), die die Präparation übernommen, bezeugten bei ihrer Wiederkunft den festen Eifer und Wunsch des Kandidaten, in den Orden aufgenommen zu werden, worauf dessen Einführung nach dem gewöhnlichen Rituale geschah. Es heißt derselbe Joh. Wolfgang Goethe, ist 30 Jahre alt, lutherischer Religion, zu Frankfurt a. M.

16

Poeschel & Kippenberg, Leipzig 1905.

geboren, dient dem Herzoglichen Hause als Geheimer Rat und hält sich hier in Weimar wesentlich auf." — Eine Tafelloge wurde nicht gehalten; sie blieb der am folgenden Tage, abermals unter Bodes Leitung, stattfindenden Feier des Johannisfestes vorbehalten. Ein Jahr lang unterblieben dann die Logenversammlungen aus nicht erkennbarem Grunde. Vielleicht wirkten schon damals auf den ruhigen Gang der Arbeiten die Streitigkeiten über den Ursprung und die Aufgabe der Freimaurerei hemmend ein, die seit Jahren die Kreise der deutschen Brüder erregten und verwirrten[7]) und schließlich auch für die Loge Amalia verhängnisvoll wurden.

In dieser Zwischenzeit richtete Goethe folgendes Schreiben an den Meister vom Stuhl:

Darf ich Ew. Exzellenz bei der nahen Aussicht auf die Zusammenkunft einer Loge auch meine eigenen kleinen Angelegenheiten empfehlen? So sehr ich mich allen mir unbekannten Regeln des Ordens unterwerfe, so wünschte ich doch auch, wenn es den Gesetzen nicht zuwider wäre, weitere Schritte zu tun, um mich dem Wesentlichen mehr zu nähern. Ich wünsche es sowohl um mein selbst als um der Brüder willen, die manchmal in Verlegenheit kommen, mich als einen Fremden traktieren zu müssen. Sollte es möglich sein, mich gelegentlich bis zu dem Meistergrade hinaufzuführen, so würde ich's dankbarlichst erkennen. Die Bemühungen, die ich mir bisher in nützlichen Ordenskenntnissen gegeben, haben mich vielleicht nicht ganz eines solchen Grades unwürdig gelassen.

Der ich jedoch alles Ew. Exzellenz gefälligster Einleitung und besseren Einsicht lediglich überlasse und mich mit unwandelbarer Hochachtung unterzeichne

Ew. Exzellenz

den 31. März 1781.   ganz gehorsamster
Goethe.

Daß dem hierin vorgebrachten Anliegen eine günstige, wenn auch nicht unbedingte Erfüllung verheißende Erwiderung zuteil geworden, ist aus nachstehendem Schreiben zu erkennen:

Unter Ew. Exzellenz freundschaftlicher und meisterlicher Leitung werde ich jeden Schritt mit Vergnügen tun, den mir die Gesetze und inneren Verhältnisse des Ordens vergönnen.

Empfangen Sie meinen besten Dank für die gütigen Bemühungen bei dem gegenwärtigen, und fahren fort, mich auch als O. Br. sich verbindlich zu machen. Weit entfernt, etwas zu begehren, was mir noch zurzeit versagt ist, begnüge ich mich gern an dem morgenden Tage mit dem zweiten Grade, und lege das Übrige mit Zuversicht allein in Ihre Hände. Finden Sie es rätlich und tunlich, um meinetwillen bei den hohen Obern des Ordens eine Dispensation auszuwirken, so werde ich durch dieses bezeigte besondere Vertrauen der Gesellschaft und Ew. Exzellenz immer mehr schuldig werden.

Mit den aufrichtigsten und beständigsten Gesinnungen unterzeichne ich mich

Ew. Exzellenz

·d. 22. Juni 81.   ganz gehorsamster Diener

und verbundenster O. Br.

Goethe.

So wurde nun am 23. Juni Br. Goethe in Gemeinschaft mit den Brr. Hamberger und Loder[8] in den Gesellengrad befördert. Nur Hamberger wurde gleich darauf auch in den Meistergrad erhoben, mit Rücksicht darauf, daß er im Begriff stand, eine längere Reise nach Livland anzutreten. Nach der am folgenden Tage abgehaltenen Feier des Johannisfestes trat abermals eine Pause ein, bis am 5. Februar 1782 Herzog Karl August „auf ausdrückliches Verlangen in völlig versammelter Loge", in Anwesenheit des Herzogs von Gotha und des Prinzen August Durchl. durch Br. v. Fritsch „mit den gewöhnlichen, der hohen Würde des Kandidaten angemessenen Solennitäten" als Freimaurer aufgenommen wurde, nachdem er vom Br. Bode, den der Herzog von Gotha zu begleiten geruhte, zu seiner Einführung vorbereitet worden war. Am 2. März erhielt der durchlauchtigste Bruder den zweiten und den dritten Grad; auch wurden die Brr. Goethe und Loder „mit den gewöhnlichen Solennitäten als Meister aufgenommen". Br. v. Fritsch sprach ihnen seinen Glückwunsch aus zu dem neuen Schritt in der maurerischen Laufbahn, den sie damit getan, und gedachte des Wunsches, den sie naturgemäß haben müßten, „nunmehr ausgelernte, vollständige Meister unserer sogenannten Königlichen Kunst zu werden", daher auch „über das, was ihnen noch immer dunkel und verhüllt vor Augen schwebte, mehreren Aufschluß zu erhalten". Seine Pflicht verbiete ihm jedoch, „über das, was man gemeiniglich das Geheimnis des Ordens nennt, sich zu verbreiten". — „Über den Zweck des Ordens," fuhr er fort, „einen Gegenstand, über welchen neuerlich so viel — und, wie solches denn gemeiniglich der Fall ist, so viel Gutes und Schlechtes, Richtiges und Unrichtiges — geredet und geschrieben worden, will ich nur so viel erwähnen, als zu meiner dermaligen Absicht notwendig und von Nutzen sein dürfte. Dem Orden allen Zweck absprechen, würde für denselben und für so viele würdige Männer, welche sich mit selbigem beschäftigen, beleidigend sein; es läßt sich auch nicht denken, daß eine Verbindung, wobei man sich keinen gemeinschaftlich zu verfolgenden Zweck vorgesetzt, auch nur kurze Zeit bestehen könne. Was nun aber der eigentliche Zweck der Maurerei, und welches der wahre Zweck

unter den verschiedenen sei, so ihr von dieser oder jener
Seite zugeschrieben werden, diese Frage ist so leicht nicht
zu beantworten. Ohne mir anzumaßen, entscheiden zu
wollen, welcher Teil recht oder unrecht habe, glaube ich
am besten zu fahren, wenn ich behaupte, daß, je edler,
je gemeinnützlicher, je wohltätiger ein solcher Zweck
wäre, desto mehr derselbe Zweck des Ordens zu sein
— und wäre er es nicht schon, zu werden — verdiene.
Schon dies kann hinlänglich sein, meine sehr ehrwürdigen
Brüder, Ihr Urteil zu leiten und zu bestimmen, wenn von
dem Zweck des Ordens die Rede ist, und wenn Sie meinem
brüderlichen Rate folgen, Sie vor allem Irrtum über diesen
Gegenstand sicher zu stellen. Wie ich vor kurzem bei
einer für uns ebenso feierlichen als erfreulichen Veranlassung gesagt habe, wiederhole ich aus inniger Überzeugung und mit der Freude, welche erfüllte Erwartungen
gewähren, daß ich keinen edleren, des denkenden Mannes
würdigeren Zweck des Ordens kenne als den, welcher
Verbesserung unseres sittlichen Zustandes zum Gegen-
stande hat und sich damit beschäftigt, uns für uns selbst,
so gut als es die Menschheit nur immer gestattet, und dann
für das gemeine Wesen brauchbarer, nützlicher, wohltätiger zu machen. Dahin sind allezeit meine dringenden
Bitten an Sie gerichtet gewesen, und dahin sollen sie es
noch sein, solange mir an diesem Orte das Wort zu führen
zukommen wird. Bei aller Gelegenheit habe ich Sie an
die bei Ihrem Eintritte in den Orden feierlich und frei-
willig übernommenen Gelübde erinnert, durch welche Sie
sich, außer der Beobachtung der Ihnen in Beziehung auf
den Orden obliegenden besonderen Pflichten, zum Dienste
der Tugend und Rechtschaffenheit auf eine unwiderruf-
liche Art verpflichtet haben. Ich tue es auch heute und
entlehne, um es desto besser zu tun, einen — wie mich
dünket — herrlichen Gedanken, welchen ich kürzlich bei

einem Schriftsteller über den Orden gefunden zu haben
mich mit innigem Vergnügen erinnere. Der Verfasser,
einer unserer erfahrensten und würdigsten Brüder, drückt
sich ohngefähr wie folgt aus: ‚Da fürs erste wenigstens
wohl noch keinem Bruder ein ausschließendes Freimaurer-
geschäft angewiesen werden kann, so wird er dem Publikum, dem Orden und sich selbst am nützlichsten, wenn
er in seinen Berufsgeschäften nach Vortrefflichkeit strebt,
und der Orden wird in einem hohen Grade fürs Allgemeine
wohltätig, wenn er zu diesem Streben seinen Gliedern
Motive und Erleichterung darbietet. Und daß er beides
vermag, läßt sich nicht bestreiten.‘ In Wahrheit, meine
Brüder, es kann nichts Richtigeres und zugleich nichts
dem Orden mehr zur wahren Ehre Gereichendes, nichts
dem Schutze aller Mächte würdiger Machendes gesagt
werden. Letzteres ist eine nicht zu bezweifelnde Folge
davon, wenn wir unsern Pflichten, unsern Gelübden,
unsern Grundsätzen stets treu bleiben, wenn wir es dahin
bringen, daß der Satz als ohne Widerrede richtig allgemein
anerkannt werde: je besserer, je vollkommenerer Freimaurer, desto besserer Fürst, desto besserer Bürger des
Staats, Untertan, Diener seines Herrn; desto eifriger und
zugleich glücklicher in gewissenhafter Wahrnehmung aller
der Obliegenheiten, so uns die verschiedenen Verhältnisse
auflegen, in welche uns die Vorsehung zu setzen für gut
gefunden hat. Diese ewig gütige Vorsehung erfülle den
reinsten Wunsch meines Herzens, daß Sie alle, sehr ehrwürdige und geliebte Brüder, diesen edelsten der Zwecke
ohne Unterlaß vor Augen haben!“

Dem würdigen Redner sollte nur noch einmal, am
9. April, beschieden sein, eine Logenversammlung zu
leiten. Am Johannistage war er am Erscheinen behindert;
der deputierte Meister, Br. C. v. Schardt (Karl Konstantin,
Bruder der Frau v. Stein) vertrat ihn. Der schlichte Be-

richt des Protokollbuchs meldet weder über die Logenarbeit, noch über die sich anschließende Tafel etwas Auffälliges. Aber eine Äußerung des Br. Bertuch über die noch immer andauernden Systemstreitigkeiten[9]) muß einen heftigen Wortwechsel veranlaßt haben, der am Ende nicht der erste und einzige war. In der Überzeugung, daß die Loge „bei den derzeitigen Bewegungen den Frieden nicht behaupten könne, ohne den der Zweck des Instituts nicht bestehen kann", wurde beschlossen, die Zusammenkünfte der Loge bis auf weiteres auszusetzen.

Der „innere Orden", der eigentliche Träger der Phantastereien der strikten Observanz, welcher in Weimar noch durch sieben Ritter vertreten war, war jedenfalls geneigt, diesem Beispiel zu folgen, und als Karl August für sich und Goethe „auf einen zu tuenden Fortschritt in unserer Ordensverbindung" bestand, hätte Br. Jacobus Eques a Clypeo (v. Fritsch) sich nicht getraut, „eine förmliche Schottenloge zu halten", wenn nicht der Br. a Lilio Convallium (Bode) ihn versichert hätte, „von der hohen Behörde die Erlaubnis erhalten zu haben, dem durchlauchtigsten Bruder seines doppelten Wunsches zu gewähren und demselben sowohl als dem Br. v. Goethe, nicht nur in Ansehung des vierten Grades, sondern auch in Ansehung dessen, was nächst diesem folgt, was der Orden gewesen oder geworden zu sein glaubt, was er uns ist und was er künftig sein wird, unter einer von ihnen zu erbittenden Verpflichtung ad silentium einen Unterricht und Aufschluß zu geben, mithin sie mit dem inneren Orden ohne weitere Umstände bekannt zu machen". Nachdem der Vorschlag, diese Distinktion gleichzeitig dem alten, würdigen Bruder, Obermarschall von Witzleben, zuteil werden zu lassen, gebilligt worden war, fand die dazu angesetzte Konferenz am 10. Dezember 1782 statt, wie sich aus folgendem Schriftstück ergibt.

Nachdem uns Endesunterzeichneten am heutigen Dato auf dazu von der hohen Behörde ausgewirkte Dispensation nicht nur der vierte Grad der Maurerei historisch mitgeteilt, sondern auch über die ferneren Verhältnisse, Absichten, Beschäftigungen pp. des sogenannten inneren oder hohen Ordens erläuternde Aufschlüsse und Unterricht gegeben werden sollen, als machen wir uns, in dankbarer Anerkennung der uns hierunter angediehenen auszeichnenden Begünstigung der Hochw. hohen Obern des Ordens, mit Wiederholung der bei dem Eintritt in denselben abgelegten Verpflichtung, bei resp. Fürstl. wahren Worten, Treu und Glauben, hierdurch verbindlich, über dasjenige, was wir bei Gelegenheit des uns zu erteilenden Unterrichts über den 4. schottischen Grad des Maurerordens, über den inneren oder hohen Orden und über andere mit selbigem in Verhältnis und Zusammenhang gestandene, noch stehende oder künftig etwa noch kommende Ordensverbindungen in Erfahrung bringen und vernehmen werden, ein unverbrüchliches Stillschweigen gegen alle diejenigen, welche zu gleicher Wissenschaft nicht berechtigt sind, zu beobachten, und davon nichts, unter keinerlei Vorwand und zu keiner Zeit, auskommen zu lassen. Zu dessen Urkund wir gegenwärtige Versicherung wissentlich und wohlbedächtig von uns gestellet und unterzeichnet haben. So geschehen Weimar, 10. Dezember 1782.

Carl August, H. z. S.
Friedrich Hartmann von Witzleben.
Johann Wolfgang von Goethe.

Karl August nahm den Ordensnamen Eques a Falcone albo an, offenbar im Zusammenhang mit dem 1732 vom Herzog 'Ernst August gestifteten Orden der Wachsamkeit oder vom weißen Falken, welchen Karl August am 18. Oktober 1815 erneuerte. In dem „Alphabetischen Verzeichnis der inneren Ordensbrüder der strikten Observanz" von Br. v. Lindt (Dresden 1846) ist v. Witzleben als Eques a Vulpe[10]) aufgeführt, während bei Goethe ein solcher Ordensname fehlt, was in der langen, 1190 Namen umfassenden Liste höchstens ein halbdutzendmal vorkommt. Der innere Orden war eben in der Auflösung begriffen.

Das gleiche Schicksal stand dem Illuminatenorden bevor. Auch darin spielte Bode (unter dem Namen Amelius) eine Rolle, und durch seine Vermittelung fand Goethe Aufnahme. Über die näheren Umstände ist nichts bekannt; die Tatsache aber wird bestätigt durch die nachstehende Erklärung, deren Original, von Goethes eigener Hand, im Logenarchiv zu Gotha verwahrt wird.

Ich Endesunterzeichneter verpflichte mich bei meiner Ehre und gutem Namen, mit Verzicht auf allen geheimen Vorbehalt, von den mir durch den H. Hof- und Legationsrat Bode anvertrauten Sachen, meine Aufnahme in eine geheime Gesellschaft betr., gegen niemanden, auch nicht gegen die vertrautesten Freunde und Verwandten, auf keine irgendmögliche Weise, weder durch Worte, Zeichen noch Blicke, oder sonst niemals nicht das geringste zu offenbaren, es mag nun diese meine Aufnahme zustande kommen oder nicht. Dies um so mehr, da man mich versichert, daß in dieser Gesellschaft nichts gegen den Staat, Religion und gute Sitten unternommen werde. Auch verspreche ich, die mir desfalls mitzuteilenden Schriften und zu erhaltenden Briefe, nach vorher gemachten, außer mir niemand verständlichen nötigen Auszügen, sogleich zurückzugeben; und wenn ich künftig Ordensschriften in meine Gewahrsam bekommen sollte, dieselben besonders verschließen und mit einer Adresse an ein belehrtes

rechtschaffenes Ordensglied versehen will, damit dieselben
auf meinen unvorhergesehenen Todesfall auf keine Weise,
Art und Wege in fremde Hände geraten können. Dies
alles verspreche ich ohne geheimen Vorbehalt und erkläre, daß ich keine Verbindlichkeit von einer anderen
Gesellschaft auf mir habe, Geheimnisse, welche man mir
unter dem Siegel der Verschwiegenheit anvertraut, anderen
mitzuteilen: so wahr ich ein ehrlicher Mann bin und
sein will.

Weimar, den 11. Februar 1783.

Goethe.

2. ZWISCHEN DEM ALTEN, ZWISCHEN DEM NEUEN

Volle 26 Jahre blieb die Loge Amalia geschlossen. Gewiß blieb den Brüdern das Gefühl der Zusammengehörigkeit, auch das Bedürfnis, es zu betätigen. In Erfurt, in Gotha, in Rudolstadt hatten sie Gelegenheit, die ihnen ehrwürdigen Gebräuche zu üben, ihre Empfindungen auszutauschen, in ihren Bestrebungen und Hoffnungen sich zu stärken — in einer Zeit schwerer Wirren und Bedrängnisse, die ja im Staaten- und Völkerleben noch viel gewaltigere Erschütterungen brachten als in den Kreisen der Brüder. In der Stille und ohne geordnete Formen fanden wohl auch in Weimar gelegentlich Zusammenkünfte statt. Im Januar 1783 wurde das Geburtsfest des Großmeisters Ferdinand von Braunschweig gefeiert. Im April 1807 bekundeten gewiß die Logenbrüder, wie herzlich sie an der allgemeinen Trauer um die Herzogin Amalia teilnahmen, welche ihre huldreiche Gesinnung ihnen treulich bewahrt hatte: eine unter den Papieren der Loge verwahrte Gedächtnisrede deutet darauf hin.

Hoch bedeutsam aber für die künftige Gestaltung des Logenlebens wurden die Beziehungen, die in dieser Zeit zwischen Weimar und Hamburg angeknüpft wurden. Der Dank dafür gebührt Herder, der sich mit Schröder in seinen Anschauungen über die Pflege reinen Menschentums und über den symbolischen Ausdruck der darauf gerichteten Lehren in erfreulichster und förderlichster Weise begegnete. Herder, obwohl er Freimaurer war und in der Loge zum Schwert in Riga, wo er 1766 aufgenommen worden, sich in kurzer Zeit das besondere Zutrauen seiner Brüder gewonnen hatte, war in Weimar dem Logenverkehr fern geblieben. Zunächst mochten Überhäufung mit amtlichen Geschäften, Rücksicht auf die Bedenken engherziger

Poeschel & Kippenberg, Leipzig.

Amtsgenossen, vielleicht auch auf die Abneigung seiner
Frau gegen solchen Verkehr ihm Zurückhaltung auferlegen
und in späteren Jahren die wenig erquicklichen Vorgänge in einer Vereinigung, für die ihm ein viel höheres
und edleres Ziel vorschwebte, ihm jede Beteiligung daran
verleiden. Da er mit Bode befreundet war (der aber 1793
starb), fand er wohl Gelegenheit zu vertraulichem Mei-
nungsaustausch; auch scheint er die Loge in Gotha besucht zu haben. Nun aber ward er mit Friedrich Ludwig
Schröder bekannt, der ebenfalls durch Bode für die
Freimaurerei gewonnen worden war. Schröder, 1744 in
Schwerin geboren, hatte sich gleich Bode durch Wiß-
begier und unermüdlichen Fleiß aus dürftigen Verhältnissen zu einer günstigen und ehrenvollen Lebensstellung
emporgearbeitet. Als vielseitiger und hervorragender
Schauspieler, tätiger und gewandter Bühnenschriftsteller,
umsichtiger und gewissenhafter Bühnenleiter ist er ebenso
bewundernswert wie wegen seines fleckenlosen Charakters,
seiner werktätigen Menschenliebe, seiner tiefen Menschen-
kenntnis, seiner vaterländischen Gesinnung. Daß ein Zug
von vierhundert Brüdern, eine unabsehbare Wagenreihe
und eine große Volksmenge ihm das letzte Ehrengeleite
gab, als er am 3. September 1816 in Hamburg gestorben
war, erscheint ebenso wohlverdient wie die schöne Grab-
schrift auf dem Petrikirchhof: „Dem Freunde der Wahrheit und des Rechts, dem Förderer menschlichen Glücks,
dem unerreichten Künstler, dem liebevollen Gatten die
trauernde Gattin." — 1774 war er in die Hamburger Loge
Emanuel zur Maienblume aufgenommen, 1786 wurde er
mit deren Leitung betraut; 1811, als sich die bisherige
Provinzialloge von Niedersachsen als Große Loge von Hamburg für unabhängig erklärte, wurde er dem Großmeister
Beckmann als Stellvertreter beigegeben, und 1814, bei
Beckmanns Tode, einstimmig zu dessen Nachfolger er-

wählt. Jahrelang mit Studien über die Geschichte der Freimaurerei, mit Erforschung ihres alten Gebrauchtums beschäftigt, war er zu der Einsicht gekommen, „daß der
Zweck der Freimaurerei nicht auf ein Verbergen, sondern
auf ein Bewirken gerichtet sei", daß „nicht das Geheimnis, sondern der Zweck der Freimaurerei zu einem Gegen-
stande des Nachdenkens, Forschens und Handelns" zu
machen sei. Die Freimaurerei „soll etwas in ihren Mitgliedern bewirken, sonst wäre sie unnütz; sie soll bewirken, was weder der Staat noch die Kirche bewirken
kann, und was doch unerläßlich notwendig ist, um den
Menschen in der Gesellschaft und im Staat moralisch zu
vollenden". Diesen Zweck zu fördern, sollte auch ein ver-
nünftiges, von allen unberechtigten und ungereimten Zu-
taten geläutertes Gebrauchtum dienen, wie es Schröder
auf Grund der altenglischen Überlieferungen feststellte.
Da war nicht mehr von einem Orden, nicht mehr von
Rittern die Rede; der „Bund" oder die „Gesellschaft"
(wie Herder die alte Bezeichnung „Society" oder „So-
zietät" wiederzugeben vorzog) sollte sich lediglich wieder
an die schlichte und doch so sinnige Symbolik des Handwerks halten. 1791 hatte sich Schröder auf einer Reise
zwei Tage in Weimar aufgehalten, hatte Goethes und
Herders Bekanntschaft gemacht und war bei Hofe eingeführt worden. Im Sommer 1800 war er abermals in
Weimar, wo er bei Karl August Böttiger (damals Gym-
nasialdirektor in Weimar, gest. 1835 in Dresden, wo er
sich um das Logenwesen sehr verdient gemacht hatte)
und vor allem bei Herder, dann in Rudolstadt, wo er bei
Ludw. v. Beulwiz[11]) lebhaftes Interesse für seine Forschun-
gen fand. „Herder," sagt Schröder in seinem Tagebuche
vom 1. Juli 1800, „schickte mir meine Arbeit mit den
schmeichelhaftesten Zeilen zurück, die ich je erhalten
habe." Doch ließ es Herder dabei nicht bewenden. In

V

Poeschel & Kippenberg, Leipzig.

dem Briefwechsel, der zwischen ihm und Schröder sich entspann, und der erst in jüngster Zeit bekannt geworden ist, spricht sich Herder eingehend über Schröders Ritualentwürfe aus, und eine Anzahl Stellen in deren heute gültiger Fassung, wie sie in Hamburg am Johannisfeste 1801 eingeführt wurde, lassen deutlich seine Mitwirkung erkennen.[12]) Die Freimaurergespräche, deren größerer Teil 1802—1803 in der Adrastea erschien, wurden Schröder mitgeteilt und ihm noch ein besonderer „Arbeitsplan" versprochen; denn „zu Vorlesereien ist die Freimaurerei nicht bestimmt, sondern zur tätigen Übung des Verstandes und Herzens, tätiger Beihilfe und Veredelung, ja Erweckung und Rettung des Menschengeschlechts". Herders leidende Gesundheit und die deshalb unternommenen Badereisen machten ihm die Erfüllung dieses Versprechens unmöglich. Bald nach des Gatten Tode schrieb Karoline v. Herder an Schröder: „Ich erfülle meine schmerzenvolle Pflicht und bringe mein und meiner Kinder Dank für die Freundschaft, Liebe und Achtung, die Sie unserm Seligen so ausgezeichnet erwiesen haben", schickte ihm auch 23 Briefe zurück, die Schröder an Herder geschrieben hatte.[13])

Die innigen persönlichen Beziehungen, die Schröder in Thüringen angeknüpft, hatten zur Folge, daß die seit 1785 bestehende und nach kurzer Unterbrechung von 1793 an wieder tätige Loge in Rudolstadt sich ein neues Patent von der Provinzialloge von Niedersachsen (der späteren Großen Loge von Hamburg) erbat, welches ihr unter dem 1. Januar 1801 erteilt wurde, und daß am 13. Mai 1801 auf dem weimarischen Schlosse Allstedt eine neue Loge begründet wurde, die den Namen „Carl August" erhielt und am 3. August von Schröder selbst eingeweiht wurde. Doch erwies sie sich nicht als lebensfähig. Die Stille der Gegend hätte während der Kriegsunruhen der kommenden Jahre für eine friedliche Arbeit wohl günstig sein können,

doch war die geringe Zahl der Mitglieder und der Mangel
eines geschickten Leiters ihrem Aufblühen hinderlich. In
Jena, wo es neben der französischen Feldloge keine anerkannte deutsche Loge gab, hatte man es gern gesehen,
daß von Allstedt aus Aufnahmen für die dortige Loge
stattgefunden hatten. Von Hamburg aus wurde empfohlen, von dem Landesherrn die Genehmigung zur Ver-
legung der Loge nach Jena einzuholen. Da dies nicht zu
ermöglichen war, wurde die Loge zu Allstedt im April 1809
für ruhend erklärt. Inzwischen hatten eine Anzahl Brüder
in Jena, mit dem Konsistorialrat Marezoll und dem Professor Stark an der Spitze, ihrerseits die Gründung einer
Loge beschlossen, welche als Loge „Augusta zur gekrönten
Hoffnung" sich um Konstitution an die Berliner Großloge
zu den drei Weltkugeln wandte. Br. v. Hendrich (weimarischer Major), zum ersten Vorsteher dieser Loge aus-
ersehen, schreibt darüber unter dem 6. März 1807 an den
Staatsminister v. Voigt:[14] „Die Verhältnisse, unter denen
wir seit dem Monat Oktober vorigen Jahres hier gelebt
haben, sind so beschaffen gewesen, daß man jedes er-
laubte Mittel anzuwenden gesucht hat, um den Strom von
Unfällen von sich und seinen Nachbarn abzuwenden. Die
Freimaurerei ist das vorzüglichste Mittel gewesen, wodurch man die trüben Wolken, welche uns öfters um-
zogen, zerstreuen konnte, und hierin liegt die Entstehung
des Wunsches, hier eine Loge zu etablieren." Er meldet
dann, die genannte Berliner Großloge sei bereit, die nach-
gesuchte Konstitution zu erteilen, unter der Bedingung,
daß die landesherrliche Erlaubnis zu maurerischer Arbeit
nachgesucht werde, deutet auch gewisse Vorsichtsmaß-
regeln an, die aus äußeren und inneren Gründen für den
Fall der Genehmigung nötig sein dürften. Gleichzeitig
hatte er gebeten, einer Deputation der Jenaer Brüder eine
Unterredung zu gewähren. Diese führte zu keiner be-

stimmten Abweisung; hatte doch Goethe dem Professor Stark gesagt: „Der Funke zum Entstehen, zum Werden einer Freimaurerloge, er komme her, woher er wolle — nur gesetzmäßig, vollkommen und echt — so ist es gut." Trotzdem mußten die acht Brüder der Loge Augusta, die inzwischen fünf neue Mitglieder aufgenommen hatten, so lange auf Bescheid warten, daß der älteste von ihnen, der Exkaufmann Metzel, sich bewogen fand, in einem Schreiben vom 4. November 1807 den Geheimrat v. Voigt von neuem um sein hohes Fürwort in der Sache zu bitten, und am 20. März 1808, im Vertrauen auf früher erfahrenes Wohlwollen, auch Goethes Güte und Gnade anzurufen, damit, wenn die Umstände es nicht erlauben sollten, daß die Loge „jetzt laut konzessioniert werde", sie wenigstens geduldet werden möchte. Er hätte sich sagen müssen, daß diese Bitte ziemlich aussichtslos sei, wenn er das von Goethe abgegebene Gutachten gekannt hätte. Es lautete:

Die Freimaurerei in Jena betreffend.

Was die Angelegenheit einer für Jena beabsichtigten Freimaurerloge betrifft, so möchte sich deshalb wohl ein mündlicher Vortrag nötig machen, weil hier gar zu viel Bedenkliches zusammenkommt. Doch sei gegenwärtig nur einiges schriftlich vorausgeschickt.

Die Freimaurerei macht durchaus statum in statu.[15] Wo sie einmal eingeführt ist, wird das Gouvernement sie zu beherrschen und unschädlich zu machen suchen. Sie einzuführen, wo sie nicht war, ist niemals rätlich.

Als bei dem Eindringen der Franzosen man an mehreren Beispielen gewahr werden konnte, daß sie die Freimaurerei schätzten, an ihr hingen und sich durch dieses Mittel oft besänftigen ließen, so entstand ein allgemeiner Wunsch auch in unsern Landen, diesen alten Talisman wieder hervorzusuchen. Ich tat den Vorschlag, die hiesige Loge Anna Amalia zu den drei Rosen, welche niemals aufgehoben worden, sondern nur quiesziert hatte, wieder aufs neue zu beleben. Und da die hier noch übrigen Meister, welche sich nicht ganz zurückgezogen hatten, mit der Rudolstädter Loge in Konnexion standen, diese sich aber zu dem sehr vernünftigen Schröderischen System bekannte, auch Serenissimus diesem Manne nicht abgeneigt waren, wie man aus der Allstedtischen Konzession abnehmen konnte, so tat ich den Vorschlag, man möchte sich auch auf diese Seite wenden, jenes Ritual annehmen, in Jena allenfalls eine Schwesterloge errichten und dadurch zwischen Rudolstadt, Weimar und Jena ein ganz schickliches Triangel abschließen.

Hierzu waren die nötigen Vorbereitungen gemacht, auch die Jenaischen im allgemeinen avertiert. Diese aber, die bei ihrem vierherrischen Zustande sehr zum Unherrischen geneigt sind, gingen ohne anzufragen, wahrscheinlich durch Dr. Rousseau, einen Gothaner, bewegt, an die Loge zu den drei Weltkugeln nach Berlin, ließen sich konstituieren und kommen nun hinterdrein um landesherrliche Konfirmation ein, welches die Bedingung einer jeden freimaurerischen Konstitution ist. Die Sache ist dadurch auf eine sehr üble Weise verschoben. Jena bekommt ein Verhältnis zu Gotha und Berlin, und ein eigentliches inneres Verhältnis zu Weimar und Rudolstadt — die Herren mögen sagen, was sie wollen — wird dadurch unmöglich. Sie werden dadurch selbständig gemacht, und, wer den Gang dieses Wesens kennt, der weiß, daß man sich in dieser Lage mit einer Aufsicht über eine solche Loge vergebens schmeicheln würde.

Schon früher hat man Bedenken getragen, eine Loge in Jena zu statuieren. Die Jenaischen Brüder hielten sich an die Weimarischen, von welchen der erste Minister und

Polizeidirektor Freiherr von Fritsch Meister vom Stuhl
war. Hier war der Hammer in den rechten Händen, und
so müßte es auch in der Folge sein. Nun nehme man
aber einmal Jena isoliert, und denke sich die Wirkung
einer Loge daselbst. Marezoll würde Meister vom Stuhl
sein, Kaufmann Metzel, Otto usw. ihm vielleicht assistieren;
der jüngere Stark scheint sich auch dazu schlagen zu
wollen; andere halten zurück, weil sie der herrschaftlichen
Konfirmation nicht vorgreifen wollen. So viel aber weiß
ich, daß etwa dreißig Personen zusammenkommen könnten. Ferner würde man sich bis Kahla und Dornburg
ausbreiten und auch so weit nach Osten wirken, als man
kann. Woraus man sieht, daß, wenn auch da noch dreißig
Personen dazu kämen, alle herrschaftliche Beamte und
was sonst öffentliche Personen sind, in dieser Gesellschaft
begriffen sein würden. Welches politische Gewicht sie in
einem so kleinen Staate erhalten könnten, wenn sie tätige
und unternehmende Menschen an der Spitze hätten, läßt
sich sehr bald einsehen.

Das größte Übel von Jena ist ohnehin, daß viele
Korporationen und Instanzen sich daselbst befinden, die
nebeneinander und gegeneinander wirken. Wie könnte
es rätlich sein, eine Korporation, die so mächtig werden
kann, und die man ohne Eklat und Verdruß nicht wieder
loszuwerden wüßte, noch in dieses anarchische Wesen
hineinzukonstituieren, und das zu einer Zeit, wo uns
äußere Verhältnisse hoffen lassen, in alles Innere mehr
Einheit zu bringen. Wäre, um nur eines zu gedenken,
eine solche Gesellschaft mit der Akademie in Einstimmung,
so würden beide dadurch mehr an Kraft gewinnen, und
es hinge bloß von ihnen ab, diese sodann gegen das Gouvernement zu wenden, nach den Gesinnungen und Vor-
teilen der Glieder. So stelle man sich vor, um die Sache
noch von einer anderen Seite zu betrachten, in früherer

Zeit, da die medizinische Fakultät aus lauter Antagonisten bestand, wäre Gruner, oder Loder, oder Stark Meister v. St. gewesen. Welche schöne Gelegenheit, seinem Gegner ein Viertelsleben zu verkümmern! Ankommende junge Professoren stehen, je nachdem sie sich zu einer Partei halten, mehr oder weniger in Druck und Abhängigkeit. Was würde es erst werden, wenn der Meister v. St. und die Brüder Vorsteher auf dem Würdigen lasteten und den Unwürdigen hervorzögen! Der Bedenklichkeit wegen der Studierenden gar nicht zu gedenken, obgleich dieses immer in früheren Zeiten ein Hauptpunkt gewesen, wegen dessen man in Jena alle maurerischen Verbindungen abgelehnt.

Ich will übrigens nicht leugnen, daß dieses maurerische Ordenswesen in großen Städten, auf große rohe Massen ganz günstig gewirkt haben und wirken mag. Auch an kleinen Orten, wie z. B. in Rudolstadt, dient eine solche Anstalt zu einer Form der Geselligkeit. Hier in Weimar brauchen wir sie eigentlich gar nicht, und für Jena halte ich sie, aus obenerwähnten und mehreren anderen Gründen, für gefährlich, und jedermann würde die Sache bedenklich finden, wenn man ihm jetzt gleich das sämtliche Personal, woraus die Loge im ersten halben Jahre nach der Konfirmation bestehen würde, vorlegen könnte.

Mich wegen des Zuviel und Zuwenig entschuldigend

Goethe.

Weimar, den 31. Dezember 1807.

Wollte man wegen einer so sehr ins Ganze greifenden Anstalt einen Mann wie Griesbach[16]) um seine Meinung befragen, so müßte ich sehr irren, oder er würde einen sehr weitläuftigen Kommentar zu meinem obigen Texte liefern. Auch hat die Sache gegen die übrigen Höfe eine wunderliche und schielende Seite, da gewiß auch ihre Justiz- und Rentbeamten, besonders die Gothaischen, nicht

34

weniger die Dorfgeistlichen, nach und nach beitreten
würden. —

Nach dieser Meinungsäußerung kann es nicht Wunder
nehmen, daß auf Metzels Schreiben vom 20. März folgende
landesherrliche Verordnung an das Polizeikollegium in
Weimar erging: „V. G. G. Carl August, H. z. S.- — Wohl-
geborene, Veste, Würdige und Hochgelahrte, Räte, liebe
Andächtige und Getreue! Es ist Uns glaubwürdig hinter-
bracht worden, daß sich zu Jena der Kaufmann Metzel
und Konsorten angemaßt haben, ohne Unsere Vergünsti-
gung und Erlaubnis eine Freimaurerloge errichten und
dazu mehrere Mitglieder aus Unserer Dienerschaft, besonders auch den Konsistorialrat und Amtmann Gruner,
aufnehmen zu wollen. Da es überhaupt sehr problematisch
ist, dergleichen Institute in einer Universitätsstadt auf-
kommen zu lassen, so muß es hiernächst ganz besonders
auffallen, daß dergleichen Unternehmungen, was ohne
landesherrliche Erlaubnis ganz unstatthaft ist, von seiten
einer legalen Freimaurerei attentiert werden sollen. Wir
begehren daher hiermit gnädigst, Ihr, der Präsident, Freiherr von Fritsch, wollet sogleich den Konsistorialrat und
Amtmann Gruner zu Jena anweisen, daß er dem Stifter
dieser Unschicklichkeit, Kaufmann Metzel, für sich und
seine in der Beilage benannten Konsorten, untersage, sich
die Eröffnung einer Freimaurerloge zu Jena anzumaßen,
unter der Verwarnung, daß, wenn diese stille und gemäßigte Mißbilligung ihre Wirkung verfehlte, man sodann
sich in die Notwendigkeit versetzt halten würde, mit öffentlichen Polizeimaßregeln vorzuschreiten.

Von dem Erfolg sind Wir Eures Berichts gewärtig.

Gegeben Weimar, 22. März 1808.

Carl August, H. z. S.“

Noch waren die Brüder in Jena nicht abgeschreckt.
Sie versuchten es mit einer nochmaligen Vorstellung. Sie
dem Staatsminister v. Voigt persönlich zu überreichen,
ward ihnen nicht vergönnt. Er teilte sie am 10. April
(Ostersonntag) Goethe mit und veranlaßte dadurch dessen
weiteres Gutachten:

Nach dem gegen die unbefugten Freimaurer in Jena
ergangenen Verbote wäre wohl noch ein Schritt zu tun:
daß man einer anderen, schon lange daselbst im stillen
befindlichen Loge, bei welcher der Vizebürgermeister
Schlevogt, soviel ich weiß, Meister vom Stuhl ist, das so-
genannte Arbeiten untersagte.

Aber mehr als alles Untersagen ist wohl notwendig,
daß man selbst etwas tue und veranstalte, weil der Zudrang zu diesen Quasi-Mysterien im Momente wirklich
sehr groß ist. Serenissimus haben neulich in einer Unterredung dasjenige summarisch angegeben, was im Nach-
stehenden, nur wenig Ausgeführten, aufgezeichnet ist.

Das Rätlichste wäre, die hiesige Loge Anna Amalia
zu den drei Rosen wieder zu beleben, und zwar meo voto
ganz nach dem alten Ritual, weil es nachher immer noch
freibleibt, sich zu dieser oder jener Verbesserung oder Ab-
artung hinzuneigen. Außer dem Geheimderat von Schardt,
dem Legationsrat Bertuch und Unterzeichnetem sind, soviel ich weiß, keine Meister dieser Loge hier mehr übrig.
Die übrigen Glieder der geringeren Grade könnte man
allenfalls ausmitteln, und die Frage wäre, ob man nicht
des Herrn Geheimrat von Fritsch Exzellenz disponieren
könnte, diese Loge wieder zu eröffnen, wozu man andere
hier befindliche Ordensglieder einladen und die Offizian-
tenstellen provisorie besetzen könnte. Lehnte dieser es ab,
so wäre es vielleicht am kürzesten getan, wenn man Herrn
von Beulwiz, den Meister vom Stuhl der Rudolstädter
Loge, einlüde, eine solche Eröffnung vorzunehmen, welcher

36

einige andere Brüder mitbrächte, um der Sache ein gewisses Geschick und Ansehen zu geben. Die Art und Weise wird demselben und denjenigen besser bekannt sein, die in solchen Dingen versierter sind als ich.

Hätte man nun hier, im Ablehnungsfalle des Herrn Geheimrat von Fritsch Exzellenz, einen neuen Meister vom Stuhl bestellt, so könnte man (und vielleicht wäre alsdann der Johannistag der schönste Termin) die Jenaischen Brüder, sowohl die vorschnellen als die zurückhaltenden, zu einem Logenfest zusammenberufen, vielleicht einige Lehrlingsaufnahmen vornehmen, und was sonst zu geschehen pflegt, um dergleichen Epochen zu verherrlichen.

Serenissimus gedachten dieser Angelegenheit dringend. Ich bringe Sie an Ew. Exzellenz durch dieses flüchtige Blatt, meine Ankunft zugleich meldend, nur mit der Anfrage: ob es Ihre Beistimmung habe, wenn ich, nach vorstehendem Sinne, mit Geheimrat von Schardt und Legationsrat Bertuch spreche, das Weitere überlege und gemessenere Vorschläge zu Papier bringe, um bei Serenissimi Wiederkunft Höchstdemselben vorgelegt zu werden.

Weimar, den 1. Mai 1808.

Goethe.

In einer am 7. Mai abgehaltenen Session wurde dieses Promemoria vom Herzog durchgängig gebilligt und anbefohlen, Herr Geheimrat v. Goethe solle ersucht werden, baldmöglichst und vielleicht noch vor der bevorstehenden Badereise desselben die Einleitungen zu treffen, die sich zur Ausführung nötig machten. Zu seiner Unterstützung wurde Bertuch angewiesen, welcher noch an demselben Tage ein Schreiben an die Loge in Rudolstadt entwarf und an Goethe zur Mitunterzeichnung gelangen ließ.[17]) Goethe schrieb ihm darauf:

Indem ich Ew. Wohlgeb. Konzept und Mundum wieder
zurücksende, ersteres von Serenissimo vidiert, von mir
signiert, letzteres von mir unterzeichnet, so bitte nunmehr
in der Sache ungesäumt weiter fortzuschreiten.

Das erste wäre nun, sämtliche hiesige Brüder zur Mit-
unterschrift des Schreibens einzuladen, sodann eine Konferenz zu halten und in derselben sich über die Personen
zu besprechen, welche man zunächst veranlassen möchte,
zu der Verbrüderung gleichfalls beizutreten. Mit G. R. R.
Voigt und Müller, sowie mit Kr. R. Weyland habe gesprochen, und diese sind bereitwillig. Präsident v. Fritsch,
Hr. v. Ziegesar wären auch zu begrüßen, und wen man
sonst noch brauchen möchte. Durchlaucht haben Sich
auch wegen Beitritt des Durchl. Erbprinzen beifällig
erklärt.

Wollte man nun zu Johanni eine gemeinschaftliche
Wallfahrt nach Rudolstadt anstellen, so könnte gleich
dort, unter Beirat des Hrn. v. Beulwiz, die hiesige Loge
formiert werden. Kommt es zur Wahl der Stellen, so
bitte beiliegendes versiegeltes Blatt zu eröffnen, worinnen
mein Votum auf diesen Fall enthalten ist.

Um lebhaften Betrieb und Beschleunigung der ganzen
Sache bitte ich, teils weil ich sie selbst für wichtig halte,
teils weil Serenissimus diese Beschleunigung wünschen
und erwarten. — Die Ritualien folgen hierbei.

Weimar, den 11. Mai 1808.

Goethe.

Noch an demselben Tage schrieb er an Herrn
v. Voigt:

Wenn die Besetzung der Stelle eines Meisters vom
Stuhle bei der Loge Amalia zu den drei Rosen zur Sprache
kommt, so gebe ich meine Stimme Herrn Legationsrat

Bertuch und bemerke, daß dieses mit der Gesinnung unseres gnädigsten Herrn übereinstimmt.

Weimar, d. 11. Mai 1808.   Goethe.

In der soeben angedeuteten Art ließ sich jedoch die Angelegenheit nicht beschleunigen; an die notwendige Erlangung der Konstitution von einer Großloge ist dabei auffälligerweise gar nicht gedacht. Zunächst ging das am 7. Mai entworfene Schreiben nach Rudolstadt ab, worin der dortigen Loge die Absicht der Weimarer Brüder kundgegeben wird, bei ihren künftigen Arbeiten „das ehedem bei der Loge Amalia angenommene, jetzt aber nicht mehr brauchbare System der strikten Observanz zu verlassen und das weit mehr gereinigte, zweckmäßigere und dem Geist unserer Zeit und Kenntnissen mehr entsprechende System der Großen Provinzialloge von Niedersachsen zu Hamburg, nach welchem auch Sie arbeiten, anzunehmen" — wozu der durchl. Br. Karl August seine Genehmigung erteilt habe. „Des Fürsten eignes Werk ist es" — das hob bei der Logenfeier des 3. Sept. 1825 der Festredner hervor —, „seine Überzeugung von dem Werte der Maurerei ist es, die nach mehrjährigem Stillstand den Bau in unserm Tempel von neuem beginnen ließ." — Die Loge Günther ward zugleich gebeten, solange die Loge Amalia noch nicht förmlich wieder eröffnet sei, Aufnahmen und Beförderungen in deren Namen zu bewirken, auch den Brüdern von Weimar die Teilnahme an den Versammlungen der Rudolstädter zu gestatten. Auf dieses Schreiben ging, wie zu erwarten war, aus Rudolstadt eine sehr freundliche und günstige Antwort ein.

Nicht minder freundlich verlief der Schriftwechsel zwischen Bertuch und Schröder wegen des beabsichtigten Anschlusses an Hamburg. Da vor Vollziehung dieses Anschlusses ein Meister vom Stuhl zu wählen war, wurde am

27. Juni diese Wahl vorgenommen. Zwölf Brüder nahmen daran teil — Karl August, Goethe, Voigt und C. v. Schardt durch schriftliche Abstimmung; auf Goethe fiefen drei, auf Bertuch neun Stimmen.

Noch entstand eine kleine Schwierigkeit wegen des Versammlungslokals, da nach dem Ableben der Herzogin Amalia über die Räume des Wittumspalais anderweit verfügt worden war. Goethe berührt diese Angelegenheit, die sich bald im günstigen Sinne erledigen ließ, in einer Zuschrift an Bertuch:

Ew. Wohlgeboren
bin ich für die mitgeteilten Nachrichten auf das lebhafteste dankbar. Sie sagen mir, was ich voraussetzen konnte, daß das von Ihnen übernommene Geschäft seinen sichern Schritt fortgeht, wofür ich, insofern ich daran teilnehme, zum schönsten danke und zu allem, was beschlossen und unternommen wird, zum voraus beistimmend glückwünsche. Grüßen Sie die übrige Gesellschaft zum allerschönsten.

Was das Lokal in dem Palais der Herzogin betrifft, so habe ich die Anfechtung, die wir deshalb haben würden, wohl vorausgesehen. Daß wir den 24. Oktober darin feiern, wird uns wohl nicht versagt werden; und alsdann würde ich raten, die Theaterzimmer wie ehemals zu unsern Zwecken zu benutzen und nur den Gebrauch jener Etage im Palais für außerordentliche Fälle vorzubehalten und zu erbitten. Ist die Wohnung nicht besetzt, so wird man es uns nicht abschlagen; wird sie aber an fremde Personen für kürzere oder längere Zeit abgetreten, so fiele unsere Benutzung ohnehin weg. Doch wird sich das alles finden und geben, wenn man nur jedesmal die nächsten Umstände betrachtet. Der ich recht wohl zu leben wünsche und mich unter jeder Form Ihrer freundschaftlichen Teilnahme bestens empfehle.

Carlsbad, den 17. August 1808.   Goethe.

Poeschel & Kippenberg, Leipzig.

3. IM FREIMAURERBUNDE

Am 8. Juli 1808 wurde der wiedererweckten Loge Amalia das von der Hamburger Großloge erbetene Patent erteilt, und am 24. Oktober, also am Geburtstage der inzwischen aus diesem Leben geschiedenen fürstlichen Gönnerin und dem 44. Stiftungstage, wurde in dem Salon des Wittumspalais die Loge durch eine schlichte Feier (ohne Tafelloge) von dem neuen Meister vom Stuhl, Br. Bertuch d. Ä., wieder eröffnet. Goethe war aus Karlsbad zurückgekehrt, hatte aber von Jena aus eine Entschuldigung gesandt:

Eben war ich im Begriff, nach Weimar zu fahren, um heute abend bei der ersten feierlichen Versammlung nicht zu fehlen, als ich vernahm, daß unsere verehrte Herzogin wahrscheinlich morgen herüberkommt und sich in den Museen umsehen will. Dadurch sehe ich mich veranlaßt, hier zu bleiben, und sende diesen Boten mit der Bitte, mich entschuldigt zu halten; denn ich möchte nicht gern einen Augenblick gleichgültig gegen eine so teure und bedeutende Verbindung scheinen.

Alles Gute und viel Freude zum gedeihlichen Anfang wünschend

Jena, den 24. Okt. 1808.   Goethe.

Bei der nächsten Versammlung, im Januar 1809, nahm Goethe an der Tafelloge teil. Es wurde an jenem Abend dem Br. Fernow[18]) vom Br. Schulze[19]) eine Gedächtnisrede gehalten, und ein poetischer Nachruf gewidmet vom Br. Werner,[20]) der zum ersten Male als Besuchender anwesend war. In der Februarloge trug derselbe Bruder ein Gedicht zum Lobe der Großherzogin Luise aus Veranlassung ihres Geburtstages vor.

Mit Bertuch, dem neuen Logenmeister, war Wieland von jeher befreundet gewesen. Schon dem Studenten hatte er seine Teilnahme zugewandt, ihn 1774 für den redlichsten, gutherzigsten Mann erklärt, den Gottes Boden trägt, und 1775 geschrieben: „Ich liebe ihn wie einen Sohn." Kleine Mißstimmungen waren nur vorübergehend; nach dreißig Jahren noch standen sie in vertrautem Gedankenaustausch. So war es natürlich, daß Bertuch von der Sache, um deren Förderung er sich so eifrig bemüht hatte, auch mit Wieland gesprochen, und daß Wieland die Überzeugung gewonnen hatte, die geringschätzige Meinung, womit er vor Jahren den Freimaurerorden und den Kapuzinerorden auf ungefähr gleiche Stufe gestellt, sei nicht mehr aufrecht zu halten, wenn sie überhaupt je berechtigt gewesen. Er war zu der Ansicht gelangt, die dermalige Freimaurergesellschaft „sei ein der Menschheit Ehre machendes, auf ein hohes, aber erreichbares Ziel hinarbeitendes Institut", von dem er seinem eignen Streben nach sich gewissermaßen als ein unsichtbares Mitglied betrachten könnte, und er sprach den Wunsch aus, in diese „venerable Verbrüderung" eingeführt zu werden. So wurde er denn in den ersten Tagen des April „in einer engeren, bloß vom Meister mit den Brüdern Beamten gehaltenen stillen Loge zum Br. Freimaurer historisch aufgenommen". Dem 76 jährigen Greise die ritualgemäß, damit verbundenen Formen zu ersparen, war von dem Großmeister ausdrücklich gestattet worden. Am 4. April wurde er in einer zahlreich besuchten Logenversammlung, in der auch Goethe nicht fehlte, feierlich eingeführt.[21] Bei der sich anschließenden Tafelloge wurde das für diesen Tag vom Br. Werner verfaßte Lied gesungen, worin die Freude zum Ausdruck kommt, daß den Brüdern der Amalia hinfort das Licht der Dioskuren Goethe und Wieland strahlen solle.

VII

Poeschel & Kippenberg, Leipzig 1903.

Wieland vergalt reichlich die Verehrung, die ihm entgegengebracht wurde. Er scheint in keiner Logenversammlung gefehlt zu haben, es sei denn, daß Krankheit ihn verhinderte. Seine Ansichten über die Bedeutung und die Wirksamkeit der Freimaurerei legte er in drei formvollendeten Reden, bei festlichen Gelegenheiten vorgetragen, den Brüdern dar; aus eignem Antriebe bat er, an den Sitzungen der Armenkommission teilnehmen zu dürfen. Goethe konnte zum Besuch der Loge keine Zeit mehr erübrigen — selbst nicht bei so bedeutsamer Veranlassung wie am 9. September 1809, als sich Prinz Bernhard von Weimar in die Loge aufnehmen ließ[22]) und Wielands Schwiegersohn, Br. Reinhold (Professor in Kiel), eine Rede hielt, worin er dem neuaufgenommenen Bruder die erhabenen Zwecke der Freimaurerei und das Verhältnis eines Fürsten zu derselben vorstellte; oder bei der Neuwahl des Meisters vom Stuhl am 10. Juni 1810, da wegen Überhäufung mit Geschäften Bertuch die Logenleitung aufzugeben wünschte, sich jedoch bewegen ließ, das von seinem Nachfolger, Br. Ridel,[23]) bisher bekleidete Amt des deputierten Meisters zu übernehmen; oder am 4. September desselben Jahres, wo der Geburtstag des durchlauchtigsten Protektors (am 3. Sept.) und Wielands (am 5. Sept.) eine gern benutzte doppelte Veranlassung zu einer schönen Logenfeier gegeben hatte. Am 5. Oktober 1812 richtete Goethe an Ridel folgendes Schreiben:

Ew. Wohlgeb. würden mir eine besondere Gefälligkeit erzeigen, wenn Sie mich auf irgend eine schickliche, der maurerischen Form nicht unangemessene Weise als Abwesenden betrachten und meine Verpflichtungen gegen die Gesellschaft suspendieren möchten.

Ungern würde ich diese ehrenvolle und interessante Verbindung ganz aufgeben, möchte aber doch, da es mir

unmöglich fällt, den Logen regelmäßig beizuwohnen, nicht
durch mein Ausbleiben ein böses Exempel geben. Vielleicht vernehme ich mündlich das Nähere, bis dahin ich
auch meine Entschuldigung verspare.

Verehrend

Goethe.

Von dieser Entschuldigung, die jedenfalls freundliche
Billigung fand, machte Goethe fortan Gebrauch, ohne sich
jedoch der Loge ganz zu entziehen. Es wird versichert,
daß er „ununterbrochen an jedem bedeutungsvollen Ereignisse, an jedem größeren Feste der Loge so lebhaften
Anteil nahm, daß die wichtigeren Reden, Gesänge und
Anordnungen meist seiner vorausgehenden Prüfung und
Billigung sich erfreuen durften"; die Vermittelung mag
meist durch den Kanzler v. Müller geschehen sein. Wie
gewissenhaft Goethe bei der Bekundung solcher Teilnahme
war, zeigt sich recht deutlich bei den Vorbereitungen zu
Wielands Totenfeier.

Von einem Schlaganfall, der den sonst noch so
rüstigen Greis am 10. Januar 1813 getroffen, genas er
nicht wieder. Am 20. Januar gegen Mitternacht entschlief
er. In Bertuchs Hause wurde die Leiche ausgestellt, in
Oßmannstedt fand das Begräbnis statt. Zum Tragen des
Sarges hatten sich Mitglieder der Amalia und zwei auswärtige Brüder erboten. Konnte die Feier am Grabe infolge der rauhen Jahreszeit nur kurz sein, so dachten die
Brüder alsbald an eine besondere Trauerfeier in der Loge.
Karl August äußerte den Wunsch, daß die ganze fürstliche Familie bei dieser Feier, die auf den 18. Februar
angesetzt wurde, zugegen sein und diese danach eingerichtet
werden möge. Es war ein außerordentlicher Fall, besonders soweit es sich um die Damen des Hofes handelte;
denn nun wünschten auch die Frauen der Brüder kommen

zu dürfen. Goethe war bereit, die Gedächtnisrede zu halten, erklärte aber, daß diese nicht auf die Gegenwart von Frauen berechnet sei — „anderer Gründe seiner Abneigung dagegen nicht zu gedenken". Dem Meister vom Stuhl übersandte er am 6. Februar den Entwurf seiner Rede zur Durchsicht mit diesen Zeilen:

'Ew. Wohlgeb. wünschten die besprochene Rede bald zu sehen; ich teile sie daher sogleich mit, um gütige Bemerkungen bittend, von denen ich bei weiterer Ausarbeitung Gebrauch zu machen nicht verfehlen werde. Sie schenken mir wohl nächste Woche einen Mittag, wo das Weitere kann besprochen werden. Mögen Sie mir Herrn Landkammerrat Bertuch[24]) zusenden, so bespreche ich mit diesem noch einiges Äußerliche. Wegen des gestrigen augenblicklichen Dissenses[25]) um Verzeihung bittend, erkläre ich mich zu allem willig und bereit, was die verehrten Brüder beschließen werden.

Hochachtungsvoll und dankbar

Weimar, den 6. Februar 1813.   Goethe.

Ridel schrieb nach dem ersten Durchlesen der Rede, am folgenden Tage (Sonntag): „Ihro Exzellenz haben mir durch die Zusendung Ihrer Rede zu Wielands Angedenken eine der höchsten und genußreichsten Stunden meines Lebens verschafft, wofür ich Ihnen in der Tat meinen und derer Dank, welche auch diesen Genuß bald zu hoffen haben, nicht genug zu sagen weiß. Nur Sie konnten mit solchen Meisterzügen in dieser kurzen Zeit das ganze poetische und menschliche Leben Wielands so kräftig und wahr auffassen und den Schlüssel zu diesem Schatz, der so vielen ein ewiges Geheimnis bleiben wird, so glücklich auffinden und in unsere Hände darlegen. Meiner bisherigen Überzeugung nach wünsche ich kein Wort darin

geändert. Wollen Sie indes erlauben, daß ich die Rede
behalten darf, bis ich persönlich aufwarten kann, so wäre
es mir besonders deswegen sehr lieb, damit ich' sie vielleicht noch ein paarmal durchlesen könnte. Es versteht
sich von selbst, und ich verspreche es überdies auf Maurer-
wort, daß die Rede in meinem Pulte verschlossen bleibt,
und daß niemand sie zu sehen bekömmt. Etwa vom
Donnerstag an stehe ich jeden Tag, wo es Ihnen am be-
quemsten ist, jederzeit zu Ihrem Befehl. Früher möchte
ich es deswegen verbitten, weil die Loge am nächsten
Dienstag mit den Vorbereitungen zur Feier u. dgl. viel
Zeit wegnimmt und der Mittwoch dann auch noch kleine
Arbeiten notwendig macht, auch Kammersession ist . . .
Ihre gütige Äußerung, sogleich in das einzustimmen, wohin die Wünsche der Brüder gingen, veranlaßt mich, sogleich meinen Wunsch mitzuteilen, dessen Erfüllung nun
hoffentlich auch mit Ihrer Zustimmung geschehen kann."
Ridel weist nun, im Einverständnis mit der Beamten-
konferenz, darauf hin, daß die Damen des Hofes auf des
Großherzogs Wunsch erscheinen würden, daß dann aber
auch die Frauen der Brüder teilzunehmen wünschten; daß
ein solches Zusammentreffen doch auch sonst, in Kon-
zerten, Ressource-Gesellschaften, auf der Redoute statt-
finde; daß die Frauen ja gleich im oberen Saale des
Wittumspalais ihre Plätze erhalten könnten, während „der
Hof im eigentlichen Sinne" sich in den unteren Zimmern
versammelte: sobald auch dieser in den oberen Saal eingetreten, könne die Feier ihren Anfang nehmen. Übrigens
sei bei den vom Herzog Karl von Mecklenburg[2]) in Hannover und Hildburghausen abgehaltenen Schwesternfesten
neben den höchsten Herrschaften und den Damen des
Hofes auch die geringste Kanzlistenfrau zugegen gewesen
und alles in großer Eintracht und ohne Anstoß ab-
gegangen. Man habe auch erwähnt, daß die Männer, als

46

Glieder eines Bundes, von dem man doch glaubt, daß er die menschliche Gleichheit liebt und erhält, falls sie ihre Frauen ausschließen sollten, in deren Augen als inkonsequent handelnd erscheinen könnten, auch in der Loge leicht eine Verstimmung hervorgerufen, hingegen durch Zulassung der Frauen manche Widersacherin der Maurerei mit ihr versöhnt werden könne. Diese Zuschrift Ridels[27] kreuzte sich mit einem Billet von Goethe:

Ew. Wohlgeb. erzeigen uns die Ehre, morgen mittag ein kleines Mahl bei uns einzunehmen, bei dem manches zu besprechen sein wird. Ich wünschte womöglich meinen Aufsatz diesen Abend zurück, weil ich bei einem so reichen Thema mich mancher Omissionen schuldig gemacht. So ist z. B. die Prachtausgabe seiner Werke nicht erwähnt, welche doch auch einem Autor, der sie erlebt, zu großen Ehren gereicht; sowie noch manches andere durch Adspersionen im Vorübergehen angedeutet werden kann.

Mich bestens empfehlend

Weimar, den 7. Februar 1813.   Goethe.

Da Ridel dieser Einladung auf den Montag nicht folgen konnte, schrieb ihm Goethe:

Ew. Wohlgeb. Beifall, den Sie meiner Rede schenken, ist mir unendlich viel wert, und nun erst kann ich mir eine gute Wirkung von derselben versprechen. Mögen Sie mir das Manuskript durch Überbringer zurücksenden, so kann ich diese Tage noch einige Sorgfalt darauf wenden; es steht alsdann wieder zu Diensten.

Dem so wohl motivierten Beschluß wegen der Schwestern trete mit Überzeugung bei, und hoffe Donnerstag mittag Ihre liebe Gegenwart.

Mich angelegentlichst empfehlend

Weimar, den 8. Febr. 1813.   Goethe.

Nach der vertraulichen Unterredung am Donnerstag
stellte Ridel am folgenden Tage mit den Logenbeamten
den Verlauf der Feier fest, worauf sich Goethe nochmals
zu einer kurzen Besprechung anmeldete:

Finde ich Ew. Wohlgeb. zu Hause, so spreche ich
gegen 1 Uhr bei Ihnen ein, um mich eines geneigten Rats
zu erholen.

13. Febr. 1813. Goethe.

Darauf wurden die nötigen Einladungen und Weisun-
gen erlassen, und am Donnerstag, 18. Februar, fand die
so umsichtig vorbereitete Trauerfeier statt. Die Einführung des Hofes geschah in der vorgesehenen Weise.
Der durchl. Protektor, in Trauer gekleidet, trug „mit Weg-
lassung aller übrigen Orden" auf der Brust nur das Zeichen
der Loge Amalia, und dieses zierte auch die sämtlichen
Brüder, ohne sonstige maurerische Bekleidung. Die
meisten waren von ihren Frauen begleitet — darunter auch
Frau v. Goethe; Bertuch hatte Wielands jüngste Tochter
eingeführt. Nach der Eröffnungsansprache des Meisters
trug Goethe seine Gedächtnisrede vor, worauf nach noch-
maliger Ansprache Ridels mit der üblichen Sammlung
für die Armen geschlossen wurde. „Der Erfolg des
Abends," schreibt Ridel, „war äußerst glücklich. Achtungsvoll sind der Hof, achtungsvoll die Schwestern von uns
geschieden; höher denn vielleicht je ist die Achtung des
Publikums gegen die Maurerei gestiegen. Laut wird sie
den Brüdern von seiten unseres durchl. Protektors, von
den Prinzessinnen, vom Hofe und von den Schwestern
bezeugt. Wir haben die schönsten Hoffnungen, daß die
würdigsten der Männer, die uns noch nicht angehören,
selbst von den Frauen, Maurer zu werden, Veranlassung
bekommen. Wenigstens haben die edelsten unter ihnen

48

Poeschel & Kippenberg, Leipzig 1905.

mit größter Wärme sich dafür erklärt. O, daß der Sturm der Zeiten doch keine dieser schönen Aussichten trübe!"

In dem lateinischen Propemptikon, das K. A. Böttiger den Manen Wielands' gewidmet,[28]) hieß es am Schlusse: Vor der überall tobenden Unruhe, vor dem im Norden ausbrechenden Kriegslärm bist du, ganz in deinen Cicero versunken, dorthin entflohen, wo die verstimmenden Ereignisse nicht zu dir dringen. — Wer so lange wie Wieland seine Teilnahme an den Tagesereignissen, und sehr entschieden auch an den politischen, bekundet hatte, durfte sich wohl eine solche Zurückgezogenheit gönnen. In der Loge konnte und wollte man sich den Eindrücken jener bewegten und schweren Zeit nicht verschließen. Wenn bedeutende Ereignisse die Mitbürger erregten, wenn Mitglieder der Loge zum Kriegsdienst berufen, wenn die einen auf dem Felde der Ehre geblieben, die andern glücklich heimgekehrt waren, so kam das Mitgefühl der Brüder auch in der Loge zu gebührendem Ausdruck. So geschah es gewiß auch, als der Herzog, der nach der Schlacht bei Leipzig sich den Verbündeten angeschlossen hatte, als russischer General ein aus Sachsen, Hessen und Russen zusammengesetztes Korps nach Belgien zu führen hatte, und wiederum, als er nach einer Abwesenheit von fast acht Monaten (er hatte nach der Einnahme von Paris noch eine Reise nach England gemacht) wieder heimkehrte. Mit Jubel wurde der geliebte Fürst von dem Lande, zumal von seiner Hauptstadt, begrüßt. Festlich geschmückt waren die Häuser. Unter den symbolischen Bildern, die an der Kunstschule angebracht waren — vermutlich auf Anregung und unter Mitwirkung Goethes — befand sich auch eins mit den Sinnbildern der Freimaurerei: Zirkel, Winkelmaß, Senkblei, fünfstrahliger Stern. Von Goethe eigenhändig gezeichnet und mit einem Sinnspruche versehen, fand es bei Karl Augusts Regierungs- und Goethes Staatsdienerjubiläum nochmals Verwendung.[29])

Am 50. Stiftungsfest der Loge (24. Okt. 1814) wurde der russische Oberst v. Geismar aufgenommen, der sich um die Stadt Weimar namentlich durch den Schutz gegen den am 21. Oktober 1813 drohenden feindlichen Überfall verdient gemacht hatte. Da seine Anwesenheit nur noch kurz war, wurde seine Beförderung in den zweiten und den dritten Grad sehr beschleunigt. Der zu diesem Zwecke am 15. November abgehaltenen Meisterloge wohnte Herzog Bernhard bei. Auch hatte der Meister vom Stuhl das Vergnügen, den Br. v. Goethe zu begrüßen, welcher nach langen Abhaltungen zum ersten Mal wieder im Bruderkreis erschienen war. Dem Eindruck dieser Versammlung ist vielleicht das als „Symbolum" bezeichnete Gedicht zu verdanken („Des Maurers Wandeln, es gleicht dem Leben . . .").

Am 5. Dezember 1815 konnte den Brüdern v. Egloffstein, v. Linker und v. Wolfskeel, die aus ehrenvollem Kampfe für Deutschlands Freiheit zurückgekehrt waren, ein maurerisches Willkommen geboten werden. An demselben Abende wurde Julius August Walther v. Goethe, Kammerrat und Kammerjunker, unter der Bürgschaft seines Vaters in den Freimaurerbund aufgenommen. Es war die letzte ritualmäßige Arbeit, der Br. v. Goethe d. Ä. beigewohnt hat. Um so fleißiger nahm der neue Bruder teil. Nachdem er am 8. Dezember 1816 in den zweiten und am 26. Januar 1820 in den dritten Grad befördert worden war, übernahm er das Amt des zweiten Schaffners, das er von 1820 bis 1829 pünktlich verwaltete. Durch ihn wurde fortan vorzugsweise der Verkehr des Vaters mit der Loge vermittelt. So erfahren wir aus der Lehrlingsloge vom 16. Januar 1816, der ersten nach seiner Aufnahme, daß er bei der Umfrage um das Wort gebeten,

50

„um den Dank seines verehrten Vaters abzustatten für die ihm in der letzten Loge widerfahrene ausgezeichnete brüderliche Aufnahme". Ebenso sprach er am 19. Februar desselben Jahres beim Stiftungsfeste der Loge zu Erfurt in des Vaters Namen. Als er (am 25. Dezember 1789 geboren) am 27. Oktober 1830 in Rom gestorben war, widmete der Meister vom Stuhl ihm einen ehrenden Nachruf, mit warmer Anerkennung der Liebe und Treue, die er dem Bunde bewahrt habe. „Das Wohlwollen seines Herzens, die ungeschminkte Aufrichtigkeit seiner brüderlichen Gesinnungen hat er oft in Kraft des ihm übertragenen Amtes mit dem seltenen Wohllaut seiner Stimme hier ausgesprochen, öfter solche bei jedem Anlaß den Brüdern betätigt; denn alle Begegnisse der Freunde fanden in seinem Herzen den lebendigsten Anteil." — „Schmerzlich überraschend," heißt es weiter, „war uns allen die Nachricht seines Todes, am schmerzlichsten dem hochverehrten Vater: denn wie tief und innig muß das Gefühl dessen sein, der das fremde Leid nachzuempfinden, der Jammerklage Worte zu leihen, der alles, was das Gemüt eines Vaters bewegt, so auszusprechen vermochte:

Die Zukunft ist des Vaters Eigentum;
Dort liegen seiner Hoffnung weite Felder,
Dort seiner Saaten keimender Genuß.

Doch mit mehr als männlicher Kraft bezwang unser Meister die Gefühle seines Herzens; aber diese Gewalt drohte die Brust zu sprengen, dem eigenen Leben verderblich zu werden. Preisen wir uns glücklich, daß diese Gefahr vorübergegangen ist, und möge die lebendigste Teilnahme seinen Schmerz lindern und er, die Zierde dieses Bundes, noch lange der Welt und uns erhalten sein, den eigenen Spruch bewahrheitend:

Nicht in das Grab, nicht übers Grab verschwendet
Ein edler Mann der Sehnsucht hohen Wert.
Er kehrt in sich zurück und findet staunend
In seinem Busen das Verlorne wieder."

Aus erfreulichem Anlaß fand wenige Monate darauf eine große Festloge statt. Der Großherzog hatte den Wunsch geäußert, daß zur Feier der Ankunft des Herzogs Bernhard mit seiner jungen Gemahlin (Prinzessin Ida von Meiningen) eine Fest- und Tafelloge unter Beteiligung der Schwestern angeordnet werden möge. Diese Feier, am 11. Juni 1816, verlief sehr ansprechend in Gegenwart der höchsten Herrschaften und zahlreicher Brüder und Schwestern. Der deputierte Meister, Br. v. Müller, trug eine Abhandlung vor über das Interesse edler Frauen an den Fortschritten höherer Kultur und die rege Teilnahme ihres forschenden Verstandes an dem ernsten Streben der Maurerei, und der erste Aufseher, Br. v. Fritsch, sprach über die Geschichte geheimer Verbindungen. Erstere Rede wurde dann Goethe vorgelegt; er schrieb unter dem 14. Juni an den Verfasser:

Ew. Hochwohlgeb. danke schönstens für die mitgeteilte Rede. Wie sehr wünscht' ich, sie gehört zu haben. Auch sie hat den Charakter der diesmaligen Schwesternloge, wo man die Sache ernsthaft und würdig nahm und nicht, wie vor alten Zeiten, ins Scherzhafte und Parodistische zog. So läßt auch Ihre Rede, ohne das Geheimnis zu verraten, den Wert des Geheimnisses fühlen. Da es mir nicht gelang, sie zu hören, danke zum schönsten für ihre Mitteilung.

Im März 1818 sah sich Ridel durch körperliche Leiden veranlaßt, von der Logenleitung zurückzutreten. Sein Nachfolger wurde der bisherige erste Aufseher, der

Poeschel & Kippenberg, Leipzig 1905.

Staatsminister Karl Wilhelm von Fritsch. Er war der Sohn des ersten Meisters vom Stuhl der Amalia, geboren am 16. Juni 1769 in Weimar, trat 1789 in den weimarischen Staatsdienst, wurde 1815 Minister und stand von 1819 an als Chef des ersten Departements des Staatsministeriums an der Spitze der Regierung. 54 Jahre war er im Staatsdienste, und 33 Jahre war er Leiter der Loge. Er starb am 16. November 1851. Daß sein verdienstliches Wirken für die Maurerei nicht auf die Loge Amalia beschränkt blieb, ist besonders hervorgehoben in der Gedächtnisrede, die sein Nachfolger im Logenamte, Staatsminister Stichling, ihm hielt. Er sagt unter anderm: „Dürften wir, vor allem wir, vergessen, welche wesentlichen und ersprießlichen Dienste er im Jahre 1833 als bevollmächtigter Abgeordneter des Gesamthauses Sachsen Ernestinischer Linie bei den Kabinettskonferenzen zu Wien dem deutschen Freimaurertume geleistet hat — vergessen, daß er es war, der die gegen dasselbe auftauchenden Verdächtigungen mit beharrlichem Eifer zu widerlegen bemüht war und, als es seiner beredten Verteidigung nicht gelingen wollte, die drohenden Maßregeln von unserm Bunde abzuwenden, mit edlem Freimute vor der Diplomatie als Wissender sich bekannte und nur durch die bündige Versicherung, daß den Logen jede Beteiligung an dem politischen Parteiwesen fremd sei, sie vor der Ausführung bereits eingeleiteter verderblicher Beschlüsse rettete? Daß auf deutscher Erde unsere königliche Kunst überhaupt noch Geltung findet, daß demnach auch Weimar noch eine Loge hat, daß kein politisches Interdikt die Bruderkette auseinandergerissen: wir verdanken es ihm, und nie haben Brüder einem in den ewigen Osten eingegangenen Meister verdientere Huldigungen darzubringen gehabt, als wir sie heute unserm verklärten Meister vom Stuhl weihen."[30]

In der Trauerloge vom 15. Juni 1821 war vor allem

des hochverehrten Altmeisters Ridel zu gedenken, der am
16. Januar aus dem Leben geschieden war, ferner der
Brr. Kästner (Kantor an der Stadtkirche), Krumbholz[31])
(Kastellan des Wittumspalais), Slevogt (Vizebürgermeister
von Jena) und Jagemann (Maler). Da die vom Br. v. Müller
gehaltene Denkrede auf Ridel gedruckt werden sollte,
wurde beschlossen, sie mit einer würdigen Einleitung zu
versehen und ihr einen Auszug der vier anderen Reden
vorauszuschicken. Das Interesse für dies Schriftchen,
schreibt Br. v. Fritsch bei der Absendung an die verbündeten Logen, werde „gewiß noch dadurch gesteigert
werden, daß unser hochverehrter Br. v. Goethe d. Ä. es
war, der sich dieser Aufgabe auf das gemütvollste und
lehrreichste unterzog".[32])

Zur Feier des 3. September 1825, des Tages, an dem
der durchlauchtigste Protektor vor 50 Jahren seine be-
glückende und segensreiche Regierung begann, hielten
am 13. September im großen Stadthaussaale die Brüder
der Amalia eine Festloge in Gemeinschaft mit den Schwestern, wobei erst der Meister vom Stuhl, dann Br. v. Müller
in trefflichen Reden des hohen Einflusses gedachten, welchen das mit Goethe verbundene Leben und Wirken des verehrten Fürsten auf Künste und Wissenschaften und auf
das Gedeihen alles Guten, Edlen und Schönen im Vaterlande geäußert hatte.[33]) Goethe, der den Jubeltag selbst
in eigenster, schönster Weise gefeiert hatte,[34]) zeigte
seine Teilnahme an dem Logenfeste durch drei demselben
geweihte sinnvolle Gesänge, die vom Br. Hummel[35]) in
gleichem Geiste komponiert waren (Einmal nur in
unserm Leben — Laßt fahren hin das Allzuflüchtige —
Nun auf und laßt verlauten).

In demselben Jahre war Goethes 50jähriges Staatsdienerjubiläum zu feiern. Das am 7. November im Stadt-
haus abgehaltene Festmahl trug zwar keinen maure-

rischen Charakter, doch hatte sich um dessen Veranstaltung die Loge besonders bemüht, und die als Redner, Dichter und Komponisten auftretenden Personen waren fast ausnahmslos Mitglieder der Amalia. Den Vorsitz führte Br. Schwabe (Hofrat und Bürgermeister), und die von ihm ausgebrachten Trinksprüche auf den Großherzog und die Großherzogin waren vom Br. v. Müller verfaßt.[36])

Im nächsten Jahre konnte die Loge zugleich mit dem Geburtstage des Landesfürsten die Rückkehr des Herzogs Bernhard von seiner langen Reise nach Amerika (April 1825 bis Juli 1826) festlich begehen. Bei der Tafel trug Br. v. Goethe II. das von seinem Vater verfaßte Gedicht vor: „Dem glücklich-bereicherten Wiederkehrenden" (Das Segel steigt, das Segel schwillt).

Am 14. Juni 1828 starb Großherzog Karl August. Mit seinem Lande — um nicht zu sagen mit Deutschland, dessen Interesse an Weimar dem Landesfürsten nicht minder als seinen Dichtern und Denkern galt — betrauerte seinen Hintritt die Loge Amalia, die sich während nahezu eines halben Jahrhunderts seines aufgeklärten Schutzes, seiner immer neu bewiesenen Huld und Förderung erfreut hatte. An seinem Geburtstage (3. September) wurde im großen Stadthaussaale die Trauerloge gehalten, auch diesmal unter Teilnahme der Schwestern. Br. v. Müller hielt die Gedächtnisrede auf den hohen Entschlafenen; aber auch der übrigen Toten des vergangenen Jahres, der Brr. v. Einsiedel (Oberhofmeister), Wolf (Hofschauspieler) und Meisel (Lehnssekretär) wurde gedacht, und dem erst am Vorabend dieses Tages verstorbenen Geh. Hofrat und Leibmedikus Huschke glaubte die Loge, obwohl er nicht Maurer gewesen, ein ehrendes Andenken öffentlich zollen zu müssen, da er im schönsten Sinne die Grundsätze des Bundes geübt und um viele der Brüder sich verdient gemacht hatte.[37]) Bei dem tiefen Schmerz, den

Goethe, der nun selbst schon in das achtzigste Lebensjahr
eingetreten war, über den Verlust des fürstlichen Freundes
empfinden mußte, konnte man auf seine Teilnahme an
der angreifenden Feier nicht rechnen, keinen poetischen
Ausdruck der gemeinsamen Trauer von ihm erwarten. In
sinniger, rührender Weise knüpfte der vom Br. v. Müller
gedichtete, vom Br. Eberwein komponierte Weihegesang
an Goethes Festgruß von 1825 an durch die Eingangs-
zeilen:

> Einmal nur im ganzen Leben,
> Was auch noch begegnen mag,
> War uns höchstes Glück gegeben,
> Strahlte mild ein goldner Tag.[38])

Als ihm selbst noch ein goldener Jubeltag beschieden
war, hielt Goethe sich ebenfalls still im Hause. Selbst
die Deputation der Loge, die ihn am 23. Juni 1830 begrüßen sollte, konnte er wegen Unpäßlichkeit nicht persönlich empfangen. Das Diplom, das ihm bei „der fünf-
zigsten Wiederkehr seiner Aufnahme in ihren Hallen die
Loge Amalia als Pfand innigster Verehrung, Dankbarkeit
und Liebe“ und als Urkunde seiner Ehrenmitgliedschaft
darbrachte, nahm er aber mit großer Freude entgegen.
Sein poetischer Dank dafür wurde am nächsten Tage bei
der Johannisfeier der Loge vorgelesen, eingeflochten in
die Ansprache, womit Br. v. Müller bei der Festtafel seinen
Trinkspruch auf den Jubelmeister einleitete:

Ein schönerer Stern, meine geliebten Brüder, konnte
unserm diesjährigen Johannisfeste wohl nicht leuchten, als
der, welcher an seinem Vorabende uns aufging, der Glücks-
stern unsers Goethe, die fünfzigste Wiederkehr des Jahr-
tages seines Eintritts in unsere Hallen.

Scheint es doch, ein gütiges Geschick wolle ihn in
jedem Lebensverhältnis die höchste Stufe nicht nur er-

reichen — sondern auch heitersten, jugendfrischen Umblick auf ihr genießen lassen!

Fünf Jahre schon — und wir feierten mit freudigem Stolze den goldnen Jubeltag seiner Einkehr in unser Vaterland; — diese fünf Jahre, wie reich an neuen Blüten und Früchten seines unerschöpflichen Geistes sind sie vorübergezogen, mit wieviel neuen Kränzen des Ruhms haben sie sein teures Haupt geschmückt! — Wie sein ganzes Leben hindurch jedes erreichte Ziel in Wissenschaft und Kunst ihn alsobald zu neuer Bestrebung, zu erhöhter Kraftäußerung aufregte; so scheint auch mit jeder höheren Lebensstufe ihm neue Befestigung seines Daseins und Wirkens, uns neue Bürgschaft jenes freundlichen Verweilens gewonnen!

Und er ist unser — dürfen wir verbundene Brüder uns heute mit noch gerechterem Stolze zurufen, als jene längst in den ewigen Osten eingegangenen Brüder, die heute vor fünfzig Jahren ihn zum ersten Male als den Ihrigen in diesen Hallen begrüßten.

Mit welchem ahnungsreichen Gefühl mag der ehrwürdige Bode, der an jenem Tage gerade den Hammer führte, einen Genius wie Goethe in unsern Tempel eingeführt, in unsere Symbole und Überlieferungen eingeweiht haben! Von allen Zeugen jenes Johannisfestes ist nur ein einziger noch übrig, unser geliebter Bruder von Schardt; — aber in einem neuen Geschlechte lebt das heilige Gedächtnis jener folgenreichen Stunde zu neuem Jubel wieder auf.

Wenn der edelste Zweck des Maurerbundes Erweckung und Verbreitung rein menschlicher Gesinnung, harmonische Entfaltung und Veredelung geistiger Kräfte, mit einem Worte Humanität ist — wer hat wohl diesen Zweck erfolgreicher gefördert, wer diese Aufgabe meisterhafter gelöst, wer mit schönerem Schmucke die Säulen unseres Tempels umkleidet als Goethe?

Mit dem Adlerfluge des Genius hat er die besonnene Richtung auf klar erkannte Ziele, mit dem höchsten Streben die würdigste Mäßigung, im tiefsten Forschen die lebendigste Anschauung, in zwangloser Freiheit ein sicheres Gleichgewicht zu bewahren und zu vereinigen gewußt. Dieselbe Hand, die den Zauberstab der Dichtung schwang, hat auch mit Winkelmaß und Zirkel die Kreise bürgerlichen Lebens geordnet und ausgeschmückt, unzählige Bausteine zu schirmenden Hallen dauernd aneinander gefügt und mit vollkräftiger Meisterschaft neue Altäre des Lichts und der Wahrheit aufgerichtet. Derselbe Blick, der unermüdet den Geheimnissen der Natur nachspähte, hat auch mit heiterm Wohlwollen in jedem geselligen Verein geleuchtet, dem Ernst des Lebens stets die freundlichste Seite abgewonnen und teilnehmend, erfrischend, belohnend nach tausendfachen Richtungen hin Kraft und Tätigkeit hervorgerufen. Wer vermöchte die Saaten edelster Gedanken und Lehren alle zu zählen, die er segensvoll ausgestreut; — wer zu berechnen, welche unermeßlichen Früchte Mit- und Nachwelt daraus geerntet und ernten werden? Wie am heitern Nachthimmel Stern an Stern überzählig sich hervordrängen, so erscheinen unsern Blicken seine Leistungen!

Und er ist unser — aus unsern stillen Kreisen gingen alle diese herrlichen Strahlen hervor, die die ganze gebildete Welt, vom fernsten Norden über weit getrennte Berge und Meere bis zu Amerikas jugendlich erblühenden Völkern, so wohltätig erleuchten, erwärmen, entzünden!

Mit festem Sinne blieb er unserm Bunde durch alle Wechselfälle des Lebens getreu. Wie die Natur seinem Auge stets als ein lebendiges, großes Ganze erschien, das im Kleinsten wie im Größten den erhabenen Stempel

ewiger Gesetzmäßigkeit trägt — so suchte er auch stets in
unserm Bunde die einzelnen Kräfte auf ein harmonisches
Zusammenwirken, auf ein gemeinsam Erreichbares hin-
zuleiten; denn er erblickte in der Maurerei — lassen Sie
mich es mit seinen eignen Worten ausdrücken — „die alles
umschlingende, aus lebenden Elementen geflochtene Kette,
den Ernst einfacher, immer wiederkehrender und doch
immer genügender und ausreichender Formen."

Wie freue ich mich, Ihnen das schönste Zeugnis seiner
Achtung und Liebe in den geist- und herzvollen Worten
mitteilen zu können, die er in dankbarer Erwiderung
unsers Andenkens an sein Jubelfest alsobald als brüder-
lichsten Gegengruß uns gewidmet hat. Ich ersuche den
geliebten Bruder ersten Schaffner, sie öffentlich vor-
zutragen.

(Br. Coudray verliest die Verse:

Fünfzig Jahre sind vorüber)

Gewiß mit tiefer Rührung haben wir alle diesen sinn-
vollen Brudergruß unsers Jubelmeisters vernommen. Wird
doch solch ein Dank alsobald zu einer neuen köstlichen
Gabe, indem er frischen Samen zu edlem Tun und Sinnen
ausstreut. Ja, wie der wohltätige Schimmer eines ewigen
Gestirns, leuchtet uns auf den Bahnen des Lebens ein
urkräftiges Wort, ein lichtreicher Gedanke! Und wie die
wahre Nähe der Geister nicht durch körperlichen Raum
bedingt ist, so fühlen auch wir jetzt unsern Goethe mitten
unter uns, und unsere Brust erweitert und erwärmt durch
seinen Zuruf.

Nicht würdigeres Dankopfer können wir ihm bringen,
als wenn wir fort und fort redlich streben, in seinem Sinne
zu arbeiten und zu wirken, Licht und Recht, Wahrheit
und Bruderliebe, jeder in seinem eigenen, alle im größeren
Kreise, unermüdet zu fördern und zu verbreiten.

Möge der ewige Baumeister der Welten ihn noch
lange, lange Zeuge dieses unsers Strebens sein lassen!

> Ihm, der auf langer Segensbahn
> Dem Bunde leuchtete voran,
> Ehrwürdig in der Weisheit Rat,
> Geliebt durch menschlich schöne Tat,
> Der in dem raschen Flug der Zeit,
> Gesät, gebaut für Ewigkeit,
> Mit jedem Lorbeer reich geschmückt,
> Durch seine Liebe uns beglückt,
> Ihm laßt in froh geschlungnen Reih'n
> Uns Leberuf und Jubel weih'n!

Die Ansprache wurde gedruckt und dem Gefeierten
vorgelegt. Goethe sprach dem Redner seine Zufriedenheit aus, wie dieser in seinem Tagebuche erwähnt (Goethes
Unterhaltungen mit dem Kanzler Friedr. v. Müller —
2. Juli 1830): Lob meiner Rede am Johannisfest. Ein
mäßiger Enthusiasmus, wie er sich notdürftig rechtfertigen
läßt; alles wohl zusammengestellt; gute rhetorische Motive. „Ich bin alt genug," waren Goethes Worte, „um
das, was mir zu Ehren geschrieben wird, wie ein Un-
parteiischer beurteilen und loben zu können."

Als 1832 das Johannisfest gefeiert wurde, war unter
den Toten des vergangenen Maurerjahres an erster Stelle
der ehrwürdige Br. v. Goethe zu nennen. Die Trauerloge
wurde am Vorabend von Schillers Geburtstag abgehalten.
Die durch die teilnehmenden Schwestern vergrößerte Versammlung mußte wieder im großen Stadthaussaale abgehalten werden, der von Br. Coudray (Oberbaudirektor)
sinnig ausgeschmückt war.[39] Im Osten des Saales erblickte man eine fünfzehn Fuß breite und ebenso hohe,
mit einem Bogen auf Säulen geschlossene Durchsicht in
ein anmutiges stilles Tal, in welchem auf Felsen sich ein

Sarkophag mit den Meisterinsignien zeigte. Darüber erhob
sich eine Pyramide, an deren Spitze der Name Goethes
im Sternenglanz strahlte, umgeben von schwebenden
Genien mit Trophäen und Kränzen. An der Pyramide
las man die Inschrift:

Johann Wolfgang von Goethe

geboren 28. August 1749

In den Maurerbund aufgenommen

den 25. Juni 1780

Eingegangen in den ewigen Osten

den 22. März 1832

Seinem Andenken

Die Brüder der Loge

☆ Amalia ☆

An der vor der Durchsicht angebrachten Brüstung
hatte der Meister vom Stuhl seinen Sitz. Hinter ihm erhoben sich die Büsten von Anna Amalia und Karl August.
Nach Westen zu, an den langen Seiten des Saales, saßen
die beiden Aufseher. Ein hellblauer Teppich war in der
Mitte ausgebreitet; an der einen Ecke trug eine dreiseitige
Ara Goethes maurerische Bekleidung, mit einem Kranze
von Lorbeer und Immergrün bedeckt; an den drei übrigen
Ecken waren Kandelaber aufgestellt. Die Wände des
reich beleuchteten Saales waren mit passenden Emblemen
geschmückt, der Fries durch einen fortlaufenden Sternen-
kranz belebt. In einem anstoßenden Raume hatten sich
die Brüder versammelt, in einem anderen die Schwestern:
„bei der Gedächtnisfeier des unsterblichen Dichters durften
edle Frauen nicht fehlen". Jeder von ihnen (es waren 72)

wurde eine mit Goethes Brustbild geschmückte Busennadel überreicht. Tiefen Eindruck machte das Erscheinen der geliebten Schwiegertochter des Verewigten, die, dem angelegentlichen Wunsche der Loge nachgebend, sich mit beiden Söhnen, Walther und Wolf, eingefunden hatte.

Nachdem alle Teilnehmer Platz genommen hatten, stimmten die musikalischen Brüder Rost, Genast, La Roche und Müller IV. den vom deputierten Meister verfaßten Weihegesang an:

> Öffnet euch, geweihte Pforten,
> Heiliger Schatten, schweb' herauf!
> Liebe sucht von Ort zu Orten
> Edlen Daseins Spuren auf.
>
> Hat er tüchtig kühn begonnen,
> Hat er Rühmlichstes erstrebt,
> Sieg nach schwülem Kampf gewonnen,
> Für ein höchstes Ziel gelebt;
>
> Hat er wahr und tief empfunden,
> Selbst wo menschlich er gefehlt:
> Bleibt er ewig uns verbunden,
> Höchsten Meistern zugezählt.
>
> Und zum stillen Aschenkruge
> Tritt die Hoffnung mild heran,
> Winket mit geheimem Zuge
> Uns zu ewiger Sterne Bahn.

Nun folgte die Eröffnungsrede des Meisters vom Stuhl:

Es ist der Drang der Herzen vielmehr als das heilige Gesetz des Bundes, welcher diese Trauerfeier zu veranstalten und zu solcher die höchst- und hochverehrten Anwesenden einzuladen uns gebot; denn nicht begrenzt auf den engern Kreis der Brüder ist der Schmerz um den großen Verlust, den die Loge Amalia am 22. März dieses Jahres erlitten; es ist die ganze gebildete Welt, die ihn mitempfindend teilt.

Im Laufe der nächstvergangenen Jahre war nur zu oft die schmerzliche Veranlassung gegeben, zu gemeinsamer Trauer vereinigt, in tiefster Betrübnis das ewig teure Gedächtnis des erhabenen Schirmherrn sowohl als anderer unvergeßlicher Mitglieder unserer Loge zu feiern. Sie haben der Klage das Mitgefühl nicht versagt, Ihre gemütvolle Teilnahme vermochte das herzzerreißende Leid zu lindern; auch jetzt dürfen wir auf gleich tröstende Mitempfindung zählen.

Dem hochherzigen fürstlichen Freund ist in die Gruft der treue Lebensgefährte gefolgt — das letzte leuchtendste Gestirn ruhmvoller Vorzeit, die Zierde dieses Brudervereins, des Großherzogtums, Deutschlands, ist untergegangen! Und wie bei der sinkenden Sonne die Erde vom Schleier des Taues befeuchtet wird, so netzen umhüllende Tränen jedes Auge bei dem Dahinscheiden des Dichters und Weisen, unsers geliebten und hochverehrten Bruders von Goethe I. „Wer weinte nicht, wenn das Unsterbliche vor der Zerstörung selbst nicht sicher ist?" —

Doch nicht in unfruchtbare niederbeugende Bekümmernis darf uns der Gram versenken; richten wir den Blick zuerst in die schöne Vergangenheit, auf das Leben und Wirken des nun im Lichte Verklärten; noch einmal trete sein Bild und sein Handeln lebendig vor unsere Seele, beruhigend, aufmunternd und ermutigend.

Wenige Monde sind verflossen, als in gleich schmerzlichem Beruf wir an dem Sarkophage des früh entschlafenen Sohnes, unseres geliebten Bruders von Goethe II., die Seelengröße und die Charakterstärke des Vaters bewunderten, innige, aus vollem Herzen strömende — leider! unerfüllte — Wünsche für dessen noch lange Erhaltung

zum Himmel sendeten! Fassen wir jetzt sein Beispiel ins
Auge, und mit verdoppelter Kraftanstrengung sei überwunden der Schmerz, damit zu freier Anschauung wir uns
erheben.

Ein reiches Leben, ein viel umfassender unendlicher
Wirkungskreis bietet sich der Betrachtung dar; mit ihm
ist die glanzreichste Periode der vaterländischen Geschichte auf das innigste verwoben, zahllos verschiedene
Sphären bürgerlicher Tätigkeit und Strebens hat dieses
Leben berührt und bewegt; und gleichsam zur Versinn-
lichung jener eigensten Zustände und vielseitigsten Verhältnisse sind dem Bruder von Goethe im Tode und in
dieser Trauerfeier zwei andere Brüder zugesellt, — uns
zugleich zur Lehre, daß im Maurerbunde, wie überhaupt
im Leben, ein gemeinschaftliches Band die Genossen umschließt, so entfernt auch deren Laufbahn erscheint und
nur selten die nähere Berührung erkannt wird.

Der eine dieser Brüder stand im Dienst der unvergeßlichen Fürstin, von welcher die Loge den ersten Schutz
und den Namen empfing, der Fürstin, welche nach Weimar
Bildung und Geschmack verpflanzte, den Sinn für Kunst
und Wissenschaft in ihrem großen Sohne Karl August
weckte und nährte; deren obervormundschaftliche Regierung die ruhmvolle Bahn eröffnete, auf welcher das
erhabene Fürstenhaus, wetteifernd mit jenem der Medici
und der Este, seitdem gewandelt ist. Ihr Haus war der
Vereinigungspunkt aller trefflichen Köpfe, der Herd der
geistvollsten Unterhaltung, und Goethe — so hier als in
Italien — stets einheimisch, stets willkommener Gast.

Der Name des zweiten in den ewigen Osten eingegangenen Bruders Voigt erinnert zunächst an seinen würdigen
Oheim, an den hochverdienten Staatsmann und Freund
unsers Goethe, mit dem er die Mühen und Sorgen um
die wichtigeren Staatsgeschäfte teilte; insbesondere war

X

Poeschel & Kippenberg, Leipzig 1905.

ihrer gemeinschaftlichen Leitung und Pflege anvertraut das Bergwerk in Ilmenau, der Schloßbau, die Aufsicht über die Universität und die Museen, über Bibliotheken und Kunstsammlungen.

Wie überschwenglich die Mannigfaltigkeit der Natur in der physischen Welt sich kundgibt, wenn ein Lichtstrahl im wundersamen Farbenspiel des Regenbogens sich vervielfältigt, oder wenn eine Scholle den Halm und die königliche Eiche nährt, deren weitausgestreckte Äste Tausende von Zweigen umgrünen: so offenbart sich gleicher Reichtum, gleiche Mannigfaltigkeit in der moralischen Welt, und die Betrachtung lenkt sich auf die stufenweise Entwicklung des menschlichen Geschlechts, nach Maßgabe der äußern Zustände, der innern Anlagen und Fähigkeiten.

Johann Samuel Schwarz, zu Ettersburg den 8. August 1767 in niederer Hütte geboren, in der kleinen Dorfschule unterrichtet, umschloß in den Beschäftigungen des Hauses sein Dasein; das Leben floh dahin im Kampfe mit der sinnlichen Natur und mit dem Bedürfnis, bis der Tod ihn in tief erschütternder Lage am 16. Juni dieses Jahres erfaßte. Erst Türsteher, dann Kastellan bei der Loge Amalia hat er längere Zeit mit angeborener Gutmütigkeit uns Dienste geleistet. Sanft ruhe, seine Asche!

Das Leben und Wirken des Bruders Voigt, in zwar minder beschränkten, doch noch immer eng bemessenen Kreisen, wird Bruder Zeutzsch, Freund und Landsmann des Abgeschiedenen, mitteilen; Bruder von Goethe zu schildern, aus überreicher Fülle einige Hauptzüge seines Bildes aufzustellen, blieb dem Bruder von Müller, dem Vertrautesten unter den Vertrauten des Verewigten, vorbehalten. Es sei mir indessen vergönnt, einiges über Goethes Bezug zum Maurerbunde hinzuzufügen.

Wenn Licht das Losungswort und das eigentlichste

Wesen der Maurerei ist, wenn helleres Sehen in seiner
innern und äußern Welt die hohe Bestrebung des Maurers
sein soll, wenn Verbreitung der Aufklärung nach allen
ihren Strahlen in die Nähe und Ferne eine der höchsten
Pflichten ist, die der Maurer bei seinem Eintritt in den
Bund feierlich übernimmt: wer könnte zweifeln, daß in
solchem Sinne unser Goethe die höchste Stufe in der
Maurerei erstiegen habe? Denn wer übertraf ihn im
Scharfblick, womit er die geheimsten Tiefen des menschlichen Herzens wie die verborgensten Geheimnisse der
Natur zu erspähen, in der Klarheit, womit er sie uns darzustellen vermochte?

Goethe war seinem innersten Wesen nach Freimaurer;
denn unablässig strebte er nach allseitigem Licht, und es
war ihm Bedürfnis, auch andern das Licht mitzuteilen,
was ihm in so reicher Fülle geworden. Kaum in Weimar
eingetreten, versammelte er oftmals die Jugend bei sich,
um ihren Spielen tiefere Bedeutung, dem Bildungstrieb
neue Bahnen zu verleihen, und ihre verschiedenen Fähigkeiten und Anlagen zu Kunst und Geschicklichkeit bei
Maskenzügen und Schauspielen, auf der Eisbahn oder in
der Zeichenschule, zu entwickeln und zu üben. Goethe
war es, der durch Rede, Schrift und Beispiel des Jünglings
Blick heiter emporrichtete, Kopf und Brust von ein-
engenden Fesseln befreite; Goethe war es, der des Mannes
Streben unterstützte, sobald sein wundersamer Scharfblick
kräftiges Wollen, Ernst und Tüchtigkeit erkannte. Ein
Wort, ein Wink von ihm eröffnete dann neue Ansichten,
belehrte, ermunterte, oder führte von Ab- und Irrwegen
zurück.

Über fünfzig Jahre huldigte Goethe dem Maurerbunde, vorzugsweise tätig, als die Loge Amalia dem einfachen uralten System sich anschloß. Ununterbrochen
nahm er seitdem an jedem bedeutungsvollen Ereignis, an

66

jedem größern Fest der Loge so lebhaften Anteil, daß
die wichtigeren Reden, Gesänge und Anordnungen meist
seiner vorausgehenden Prüfung und Billigung sich erfreuen durften. Wie er selbst mit eigener Meisterhand
Wielands Leben und geistiges Bild auf noch unerreichte
Weise uns geschildert, lebt in jedes Hörers und jedes
Lesers Gedächtnis; welche hohe Achtung er für die
Maurerei hegte, ist teils in der von ihm verfaßten Einleitung zu Ridels und anderer Brüder Totenfeier (15. Juni
1821), teils in dem aus unversiegbarer Dichterquelle ent-
strömenden Gegengruß bei der eigenen maurerischen
Jubelfeier (23. Juni 1830) auf das sinnigste und unzwei-
deutigste ausgedrückt.

Nun er zu dem Lichtmeer des ewigen Ostens auf
Adlerschwingen emporgestiegen ist, dürfen wir, zwar von
Wehmut gebeugt, doch mit Stolz auf ihn, den Unsrigen,
hinblicken, und ein früher schon in tiefster, schmerz-
lichster Empfindung gesprochenes Wort mag in gleichem
Gefühle auf ihn volle Anwendung finden:

> Sein Gedächtnis bleibt in Segen,
> Wirket nah und wirket fern,
> Und sein Name strahlt entgegen
> Wie am Himmel Stern bei Stern.

Nach dieser Ansprache widmete Br. Zeutzsch dem
am 15. Mai verstorbenen Br. Wilhelm Voigt (Bürgermeister von Allstedt) einen Nachruf. An den darauf folgenden Gesang des Liedes: Laßt fahren hin das Allzuflüchtige! schloß sich die Gedächtnisrede auf Johann
Wolfgang von Goethe vom deputierten Meister Friedrich
von Müller:[40]

Sehr ehrwürdiger Meister, verehrte und geliebte Anwesende! Zwanzig Jahre sind dahin seit jenem unvergesse-
nen Abend, wo wir den, dessen Todesfeier wir jetzt begehen,

in diesen selben Hallen trauernd an Wielands Sarkophage
erblickten; in voller Mannskraft und Würde, aufrecht
in edelster Haltung, mit der freien, Ehrfurcht gebietenden
Stirne, mit dem großen, leuchtenden Auge, von der geist-
beseelten Lippe Worte der Wehmut, aber auch der edelsten
Beruhigung uns zusprechend; — zwanzig Jahre seit jener
heiligen Stunde, wo Goethe den unverwelklichen Kranz
gerechtesten Nachruhms und brüderlicher Pietät um des
vorausgegangenen Freundes und Lebensgenossen Urne
schlang.

„Achtzig Jahre" — rief er uns damals zu — „wieviel
in wenig Silben! Wer von uns wagt es in der Geschwindigkeit zu durchlaufen und sich zu vergegenwärtigen, was so viele Jahre, wohl angewandt, bedeuten? Wer
von uns möchte behaupten, daß er den Wert eines in
jedem Betracht vollständigen Lebens sogleich zu ermessen
und zu schätzen wisse?"

Mit wie großem Rechte können wir nun diesen Ausruf
auf ihn selbst anwenden, auf ihn, dem das Schicksal noch
über jenes höchste menschliche Lebensziel hinaus Tage
des frischesten Daseins und Wirkens, uns durch ihn noch
so viele fruchtreiche Stunden heitern Zusammenseins
und ungezählte Momente liebevollster Mitteilung gegönnt hat!

Ja, wer auch nur diese letzte Periode seit Wielands
Totenfeier in gedrängten Umrissen an sich vorüberführt
und sich all das Schöne, Große, Herrliche vergegenwärtigt,
was Goethe darin geleistet, geschaffen, gefördert; die
zahllosen Kreise all, in denen er segnend gewaltet und
unermüdet vorwärts gestrebt; die tausend und abertausend Mitlebende, die an seinem geistreichen Wort
Licht und kräftigeres Wollen, edlere Daseinsfreude und
höhere Bildung gewonnen; die Herzen alle, die in der
milderen Wärme seiner letzteren Jahre sich gesonnt, er-

quickt, erbaut fanden: ja gewiß, dem muß die Überzeugung sich unwillkürlich aufdringen, daß für die Würdigung eines solchen Lebens kein gewöhnlicher Maßstab
ausreicht.

Und nun noch mehr denn sechzig Jahre zurück —
von den Blütentagen des talentreichen, feurigen, zu jedem
Höchsten und Schwierigsten mit genialem Übermute an-
strebenden Jünglings, den das überraschte Deutschland
bald mit ungemessenem Jubel begrüßt, bald leidenschaftlich verketzert, zu der vielseitigen Entwicklung des reifen-
den Mannes, der mit gleicher Sicherheit ins praktische
Leben eingreift, mit gleichem Scharfblick bürgerliche Zustände durchdringt, wie er eben erst die Reiche der Phantasie und Natur vor uns aufgeschlossen, und der alles
Wahlverwandte unwiderstehlich in seine Kreise zieht:

weiter zu jenen mittleren Jahren ernstester Tätigkeit
und prüfender Selbstbeschränkung, wo unter den Ruinen
der ewigen Roma die großen Schatten der Vorwelt ihm
begegnen, mit dem Meistergruß ihn segnen, und aus denen
er in vollendeter, gereinigter Kraft ein neuer, scheinbar
ganz Anderer hervortritt, weil das blödere Auge nicht durch
den Schleier dringt, den höhere Weihe ihm überwarf;

zu jenen heitern, ätherklaren, tatenlustigen Jahren
endlich, wo er, mit dem fürstlichen Freunde aus Not und
Gefahr wilden Kriegsgetümmels glücklich heimgekehrt,
nun im Schoße des Friedens fruchtreichste Tage lebt,
mit Voigt in der Wissenschaften Schutz und Pflege, mit
Schiller Tag um Tag in immer kühneren poetischen und
dramatischen Schöpfungen wetteifert, mit Meyer sich an
der Betrachtung ewig musterhafter Kunstwerke erbaut
und immer schärfer Gehalt, Bedingung und Grenze der
Kunstschöpfungen feststellt; mit Göttling, Loder, Batsch,
Schelling, Humboldt in die Geheimnisse der Natur tiefer
und tiefer eindringt, bald auch einsam mit sich selbst

neue Bahnen bricht und mit dem Lichte der Divination
in die tiefsten Schachten menschlicher Erkenntnis hinab-
steigt! Ja fürwahr, die Feier des Andenkens an ein solches
Leben verträgt sich nicht mit den hergebrachten Zeichen
und Symbolen äußerer Trauer: sie muß zum höchsten
Gefühl menschlicher Würde, sie muß zum frommen Danke
gegen den ewigen Baumeister der Welten aufrufen, der
solch eine segensvolle Erscheinung uns gegönnt, solch
ein Leben bis zum spätesten Erdenziele bewahrt, geschützt,
gesegnet hat.

Und wie er selbst bei Wielands Totenfeier sich einen
Zauberstab wünschte, jene düstere Umgebung unserer
Trauerhallen augenblicklich in eine heitere zu verwandeln,
auf daß ein festlich geschmückter Saal mit bunten
Teppichen und munteren Kränzen, so froh und klar wie
das Leben des Abgeschiedenen sich den Brüdern dar-
stelle, so haben auch heute die Ordner dieses Trauer-
festes, gehorsam jenem Winke und ganz gewiß in seinem
Sinne gehandelt, wenn ihre Blicke, geliebte Brüder und
Schwestern, diesmal statt düsteren Symbolen nur den
heiteren Farben und Blumen des Lebens, statt Trauer-
flören und nächtlichem Dunkel nur den Sinnbildern
frischer Tätigkeit und dankbar froher Zuversicht begegnen.

Hat doch überhaupt sein großer Geist immer ins
Heitere gestrebt, dem Unvermeidlichen stets mit würdiger
Ergebung sich gefügt und beharrlich alles abgelehnt, was
frischer Lebenswirkung und heiterer Pflichtübung Hemm-
nis drohte. Denn ihm war das Leben ernste Kunstaufgabe,
und es aufs edelste vielseitig zu ergreifen und zu gestalten,
innere Naturnotwendigkeit. Seine Auffassungsgabe war
so unwillkürlich, so hell geschliffen der Spiegel seines
Innern, daß er gleichsam gezwungen schien, alle äußeren
Erscheinungen in der physischen wie in der sittlichen Welt

in voller Treue in sich aufzunehmen, und daß er ihres übermächtigen Eindrucks sich nur dadurch erwehren, nur dadurch als selbständiges Individuum sich behaupten konnte, daß er sich jener Erscheinungen zu freier künstlerischer Gestaltung bemächtigte und sozusagen sie nach außen wieder zurückwarf.

Wie noch in diesen jüngsten Tagen jener geistreiche akademische Trauerredner mit klassischer Gediegenheit von ihm behauptete,[41]) daß in der stufenweisen, harmonischen Entwicklung seines Geistes alle die verschiedenen Perioden antiker griechischer Kultur in ihren Hauptmomenten nachzuweisen seien, so läßt sich ohne Übertreibung hinzufügen: es scheine, daß in ihm, dem Einzelnen, die Natur den ganzen Kreislauf menschlichen Strebens und menschlicher Bestimmung habe abspiegeln, in ihm, in seinem Individuum, den Grundcharakter allgemeiner Menschheit, so in Tugenden wie in unvermeidlichen Schwächen, habe ausprägen und aufstellen wollen, oder, wie ein geistreicher Brite es noch kürzlich ausgedrückt hat: „Es war, als ob Zufall und ursprüngliche Begabung sich vereinigt hätten, einen Charakter im höchsten Stile zu bilden".[42])

Leitete die aufmerksame Beobachtung des Ganges seiner eigenen Entwicklung und seiner inneren Kämpfe — denn nicht leicht hat wohl ein Sterblicher dem Andrange mächtiger Leidenschaften und Aufregungen öfter zu widerstehen gehabt und mit tieferem Gefühl ausgesprochen:

> Denn ich bin ein Mensch gewesen,
> Und das heißt ein Kämpfer sein —

leitete sie ihn zuerst auf jenes große Prinzip der Metamorphose in der organischen Welt, welches er späterhin auch auf alle sittlichen Zustände in der Geschichte und im Leben anwandte: so erblickte er auch im Tode nur Metamorphose, deren heiliges, geheimnisvolles Gesetz nicht durch bange Vorstellungen und schreckende Bilder zu umdüstern sei. Sein lebendiger Blick sah im ganzen Universum nur Leben und Tätigkeit: — Stillstand, Aufhören, Nichtsein waren ihm Worte ohne Sinn und Bedeutung. Unvergeßlich bleibt mir jene nächtliche Stunde, wo ich ihn einst ausrufen hörte: „Glaubt ihr, ein Sarg könne mir imponieren? Kein tüchtiger Mensch läßt seiner Brust den Glauben an Unsterblichkeit rauben!"

Erwarten Sie nicht von mir, verehrte Anwesende und geliebte Brüder, daß ich es unternehme, Ihnen den Lebensgang unsers Goethe, seine unerreichten Eigenschaften und Leistungen als Dichter und Schriftsteller, seine Verdienste als Staatsmann und Förderer vaterländischer Kultur und Wohlfahrt abzuschildern. Ist doch längst die Welt seines Ruhmes voll, sind doch bereits drei Geschlechter seiner Schöpfungen und Wirkungen bewundernde Zeugen!

Die Geschichte seiner Jugend und ersten Ausbildung hat er uns selbst mit jener inneren und höheren Wahrheit enthüllt und dargestellt, der nur die bescheidenste Selbstprüfung den Schleier der Dichtung beigesellte. In wenig Monaten werden diese unschätzbaren Bekenntnisse, fortgeführt bis zu seinem ersten Auftreten in Weimar, uns allen noch tiefere Blicke in die Geheimnisse eines Herzens tun lassen, das mitten unter den Stürmen der Leidenschaft stark genug war, dem Zauber süßester und edelster Neigung zu entsagen, wenn es der Befriedigung sittlich zarter Anforderungen galt. Nur reine, uneigennützige Motive hielten ihn ab, sein früheres Leben und Wirken in Weimar mit derselben treuen Ausführlichkeit abzuschildern; mit seltener Selbstverleugnung drängte er in wenige Blätter kursorisch zusammen, was den reichsten Stoff zu zahlreichen Bänden dargeboten hätte.

Auf die häufigen und dringenden Gegenvorstellungen, die seine Freunde ihm machten, hat er mir einst erwidert: „Die wahre Geschichte der ersten zehn Jahre meines Weimarischen Lebens könnte ich nur im Gewande der Fabel oder eines Märchens darstellen; als wirkliche Tatsache würde die Welt es nimmermehr glauben. Kommt doch jener Kreis, wo auf hohem Standort ein reines Wohlwollen und gebührende Anerkennung, durchkreuzt von den wunderlichsten Anforderungen, ernstliche Studien neben verwegensten Unternehmungen, und heiterste Mitteilungen trotz abweichenden Ansichten sich betätigen, mir selbst, der das alles miterlebt hat, schon als ein mythologischer vor. Ich würde vielen weh, vielleicht nur wenigen wohl, mir selbst niemals Genüge tun; wozu das? Bin ich doch froh, mein Leben hinter mir zu haben. Was ich geworden und geleistet, mag die Welt wissen; wie es im einzelnen zugegangen, bleibe mein eigenstes Geheimnis."

Doch der Hochsinn und die Pietät seines fürstlichen Freundes hat den schönsten Teil handschriftlicher Dokumente aus jener Zeit für eine dankbare Nachwelt aufbewahrt, und Karl August hat noch am Vorabend seines Scheidens dafür gesorgt, daß diese köstlichen Reliquien in späterer Zeit öffentlich kundgemacht werden können. Dann erst wird die Welt den ganzen seltenen Wert, die ganze Charakter- und Gemütsgröße des Mannes völlig kennen und schätzen lernen, den kleinlicher Neid und blöder Stumpfsinn so oft aus dem Gesichtspunkte der Gemeinheit zu lästern, mindestens, wo sie die Übermacht seines Geistes nicht anzufechten vermochten, seine sittliche Würde zu entstellen versuchten. Ja, wenn Goethes Ruhm als Dichter längst ein welthistorischer geworden und von den Zungen aller gebildeten Nationen, selbst in den entferntesten Weltteilen widerhallt; wenn die Bahn

großartiger, freier Naturanschauung, die er im deutschen
Vaterlande zuerst mit genialer Kraft gebrochen, im Werther, Götz, Egmont, in hundert ergreifenden, herzvollen
Liedern helleuchtend bezeichnet ist; wenn das Zarteste,
was ein Menschenherz empfinden kann, den edelsten Ausdruck, die Weihe antiker Ruhe und Einfachheit in Iphi-
genien, Tasso, Eugenien, Hermann und Dorothea gefunden; wenn die wahrheitstreue Darstellung der viel ver-
schlungenen Verhältnisse und Probleme bürgerlicher und
sittlicher Zustände im Wilhelm Meister, in den Wahlver-
wandtschaften und in den Wanderjahren; wenn die heitere
Grazie frischen Lebensgenusses in den Römischen Elegien,
die ernstere sittliche Grazie in Euphrosyne, in Alexis und
Dora, die malerische Lebendigkeit und Farbenpracht in
dem Römischen Karneval, in der Novelle und im Märchen,
an Form und tiefem Gehalt nicht leicht je übertroffen
werden mögen; wenn endlich — um den Gipfel Goethe-
scher Poesie mit einem Worte zu bezeichnen — sein
Faust, diese titanische Dichtung, die den höchsten
Sonnenpunkt und den tiefsten Abgrund menschlichen Tuns
und Wollens zugleich umspannt, für immer als staunens-
würdiges Ergebnis allgewaltiger Phantasie und tiefster
Reflexion und Weltkenntnis erscheinen muß; und wenn
wir zu diesem unsterblichen Dichterruhme noch all das
Herrliche hinzurechnen, was die Wissenschaften dem un-
ermüdeten genialen Naturforscher, die Zivilisation dem
großartig fördernden Pfleger des Lichts und der Wahrheit,
die Kunst ihrem scharfsinnig urteilenden, geschmackvoll
anordnenden Kenner und Freunde verdankt; kurz, alles
das, was selbst im Auslande die Bezeichnung des staunens-
würdigsten Mannes seines Jahrhunderts ihm erworben
hat[43]) — immer noch dürfen wir, geliebte Brüder, mit
süßem Stolze uns zurufen: Uns war er mehr!

Wie ein Meisterwerk der bildenden Kunst zwar auch

in der Ferne, nach dem Gehalt seiner Motive, dem Geiste seiner Komposition und dem richtigen Verhältnis seiner einzelnen Teile erkannt, gewürdigt und bewundert werden kann, doch nur dem unmittelbaren Beschauer den vollen Zauber lebendiger Harmonie offenbart, so trat auch Goethes ganze Liebenswürdigkeit, die ganze harmonische Fülle seines Daseins erst im näheren persönlichen Umgange unverschleiert hervor.

Von der Natur mit ungemein großer Reizbarkeit und Empfänglichkeit ausgestattet, hatte er von früh an sie zu mäßigen, jedes leidenschaftliche Übergewicht zu bekämpfen gestrebt. Mit seltener Klarheit fühlte er, daß, wenn gleich gerade diese ausgezeichnete Lebendigkeit seines Naturells ihm schnell die Herzen gewann und in jedem Kreise sein Auftreten und Wirken begünstigte, sie ihm doch auch gar leicht von folgerechter Bahn ablenke, ja Ziel und Maß zu überschreiten verführe.

In jüngeren Jahren zu rascher und ausschließlicher Hingebung geneigt, alle, die sich ihm einmal ergeben, unaufhaltsam mit sich fortreißend, hatten schmerzliche Erfahrungen mancher Art ihm Selbstbeherrschung als höchste Pflicht erscheinen lassen, und so war späterhin das Zurückdrängen jedes übermächtigen Gefühls, die Bewahrung äußeren und inneren Gleichgewichts unter allem Andrang der Lebensereignisse, ihm zur unerschütterlichen Maxime, zu einer wahren Kunstaufgabe geworden. So hatte unvermerkt auch sein Äußeres und seine Mitteilungsweise in Weltverhältnissen einen Schein von Kälte und Verschlossenheit, ja oft von Steifheit angenommen, der ihm nicht selten für Stolz und Egoismus ausgelegt wurde, und auch in der Tat bei oberflächlicher Bekanntschaft leicht dafür gelten konnte.

Aber unter dieser äußeren Verhüllung, die den Zudrang gemeiner Wirklichkeit von ihm abhielt, veredelte sich immerfort der Kern seines inneren Wesens, und die Liebenswürdigkeit und Milde seines Gemüts trat für Freunde und Vertraute nur desto reiner und ergreifender hervor. Es bedurfte keineswegs ausgezeichneter Geistesgaben, um seine Teilnahme und in gewissem Grade sein Vertrauen zu gewinnen; nur ein tüchtiges, sicheres Wollen und Wirken, wenn auch im beschränktesten Kreise, war ihm unerläßliche Bedingung; abhold und widerwillig zeigte er sich nur jeder unbegründeten Anmaßung, jedem zwecklosen Umhertappen nach nichtigen Lebenszwecken. Zu kräftiger Förderung lebensfrischer Tätigkeit mit Vorliebe geneigt, konnte er in seiner Nähe kein Talent, keine nützliche Fertigkeit gewahren, die er nicht ermuntert, angeregt, durch Rat und Tat gesteigert hätte. Auch außerhalb des Kreises seiner bedeutenden amtlichen Wirksamkeit als Haupt so vieler wissenschaftlichen und gemeinnützigen Anstalten, auch schon im täglichen bürgerlichen Verkehr hat er auf diese Weise unglaublich wohlgetan.

Wer irgend mit ihm in nähere Verhältnisse kam, empfand den erfrischenden Anhauch seines Geistes und gewöhnte sich unwillkürlich an eine gewisse ernstere Richtung, Stetigkeit und Folge, die das Element seines Daseins war und die er der ganzen Atmosphäre um sich her mitzuteilen wußte; daher denn auch alle, die jemals seine Hausgenossen oder auch nur durch öftere Dienstleistungen ihm nahe waren, selbst wenn er nicht immer ihren Wünschen Genüge tun konnte, eine unzerstörliche Anhänglichkeit und Ehrfurcht für ihn behielten.

Ein empfangenes Gute dankbar zu vergelten, war ihm ein freudiger Genuß, doch nie auf gemeine Weise; durch Abwartung des passenden Augenblicks, durch sinnige Form und Bedeutsamkeit der Gegengabe wußte er stets ihren Wert eigentümlich zu erhöhen. Wie manche von uns werden sich mit Rührung jenes Morgens nach seiner fünfzigjährigen Jubelfeier erinnern — sind es doch heute gerade sieben Jahre — wo er, um seine Empfindung über die unaufgeforderte nächtliche Erleuchtung der Straße vom Theater bis zu seiner Wohnung aufs gemütlichste auszudrücken, sein Enkelpaar, die damals noch zarten Knaben, von Haus zu Haus herumsandte, die treuen Mitbürger mit kindlichen Dankesworten in seinem Namen zu begrüßen.

Undankbarkeit und Verkennung fremden Verdienstes war ihm in tiefster Seele verächtlich; wohl konnte es geschehen, daß bei der unglaublichen Menge von Gegenständen, die ihn beschäftigten, eine oder die andere ihm kund gewordene verdienstliche Leistung eine Zeitlang in den Hintergrund trat; aber mit doppeltem Eifer ergriff er dann die erste Gelegenheit, das Versäumte einzubringen.

Seiner großartigen Naturansicht gemäß ließ er jeden entschiedenen Charakter in seiner Eigentümlichkeit gewähren und gelten, und verschmähte jede Art von gewaltsamer Einwirkung auf die Überzeugung und Sinnesweise anderer, ja er vermochte sich mit Personen, die an Denkart und Bildung himmelweit von ihm abstanden, gleichwohl aufs beste und gemütlichste zu vertragen, sobald er nur irgend eine praktisch tüchtige Seite, irgend eine vorzügliche Eigenschaft an ihnen erprobt hatte.

Über seine Gegner in der literarischen Welt, wie früher im Staatsdienste, — denn man darf wohl behaupten, daß er in späteren Jahren darin keinen einzigen, sondern nur allenthalben tätige, anhängliche Förderer seiner Zwecke gefunden — konnte er sich wohl oft heftig, ja leidenschaftlich herauslassen; nie aber hat er, auch nicht am Feinde, das Achtungswerte, Verdienstliche, Talentvolle verkannt, nie kleinlichem Neide oder hämischer Verketzerungssucht sich hingegeben.

Wie oft hörte ich ihn, wenn das Gespräch auf Männer

fiel, die in früheren Jahren ihm geradezu entgegengewirkt oder durch bittere Urteile ihn gekränkt hatten, das Eigentümliche ihres Charakters, und wie sie demgemäß ihm und seinen damaligen Richtungen notwendig abhold sein mußten, mit höchster Milde auseinandersetzen und jedes ihrer Verdienste unbefangen hervorheben!

Nie hat er den großen Einfluß, den sein erhabener Fürst und Freund ihm gönnte, zu eigennützigen Zwecken oder zu irgend jemandes Schaden benutzt; ja ich kann aus eigener Wissenschaft beteuern, daß unter den zahlreichen Briefen und vertraulichen Vorträgen, die sich aufbewahrt finden, kaum einer anzutreffen ist, in welchem er nicht für diesen oder jenen redlichen Diener, für dieses oder jenes hoffnungsvolle Talent sich mit Wärme und persönlichster Teilnahme verwendet hätte.

Auf Untergebene weniger durch Befehl und strenge Vorschrift, als durch Belebung ihres Sinnes und ihrer Liebe an der Sache zu wirken, war ihm Grundmaxime; daher denn innerhalb gezogener Grenzen er ihnen gern freien Spielraum ließ, und, wenn sie in ihrem angewiesenen Kreise sich tüchtig erwiesen, auch wohl ihren Schwächen und Fehlern duldsam nachsah.

„Jedes Geschäft," so schreibt er seinem Fürsten in einem ausführlichen Vortrage über die Jenaischen Museen vom Jahr 1817, „jedes Geschäft wird eigentlich nur durch ethische Hebel bewegt, daher alles auf die Persönlichkeit ankommt, die jede auf eigentümliche Weise behandelt sein will. Ist man der Liebe des Individuums zu seinem Geschäftszweige gewiß, so verfahre man läßlich, doch Ordnung fordernd, und erhalte verdiente Männer bei gutem Humor. Daraus entstehen nun freilich so viele kleine Welten als Individuen."

Von Goethe galt im höchsten Sinne, was Schiller von Wallenstein sagt:

Jedwedem zieht er seine Kraft hervor,
Die eigentümliche, und zieht sie groß.

Denn es ist unsäglich, wie wundersam anregend und
belebend sein Anblick, seine edle Haltung, sein kraftvolles
Wort auf jeden wirkte, dem er etwas auftragen, ihn zu
etwas anstellen wollte. Diejenigen unserer Brüder, die des
Glücks genossen, ihre dramatische Laufbahn unter seiner
Direktion zu beginnen oder fortzusetzen, bekunden es noch
oft mit enthusiastischer Wärme und Dankbarkeit.

Klar und deutlich bezeichnete er in wenigen aber
gemessenen Worten das Ziel, die Aufgabe, erweckte mit
kurzen, prägnanten Andeutungen das Bild der geforderten
Leistung in der Phantasie des Untergebenen und wußte
selbst durch Aufzählung der Schwierigkeiten den Mut des
Unternehmens zu steigern. Jede, auch die unwichtigere
Aufgabe stellte er als eine höchste dar, damit selbst im
kleinsten Detail etwas Bedeutendes erstrebt, etwas Voll-
tüchtiges geleistet werde; nichts war seinem Blicke zu
gering, es zu beachten; was er auch vornahm, er legte das
ganze Gewicht seiner Persönlichkeit hinein. Ein Un-
bedeutendes kannte er nicht, weil seine Behandlungsweise,
der Sinn, den er hineintrug, es alsobald zum Bedeutenden
umschuf. Das Kuvertieren eines Briefes, das Einpacken
einer Zeichnung wurde von ihm stets mit derselben be-
sonnenen Genauigkeit und Zierlichkeit besorgt, wie der
Abschluß des wichtigsten Geschäfts oder die Revision
gehaltreichster Entwürfe. Daher ihm denn nicht leicht
eine Mitteilung größeren Beifall abgewann, als da ich
ihm einst erzählte, Graf Capo d'Istria habe mir bei seiner
Abreise nach Griechenland gesagt: „Ich folge dem Rufe
des Schicksals, obgleich zweifelnd am Gelingen meines
Unternehmens. Denn nicht was der Mensch erreicht,
sondern was und wie er strebt, verdient Achtung, gewährt

Beruhigung. Und wäre es meine Aufgabe, die Streusand-
büchse, die eben vor mir steht, immerfort auszuschütten
und wieder zu füllen, ich würde es mit unermüdeter Geduld
und genauester Sorgfalt tun.“

Was nur irgend mit Liebe und Treue geleistet wurde,
fern und nah, in welchem Geschäft, gleichviel zu welchem
Zwecke, in Technik, Industrie, Landwirtschaft oder in
Wissenschaft und Kunst, es erregte seine lebhafteste Anerkennung, Teilnahme, Mitfreude am Gelingen. Denn mit
jedem zunehmenden Lebensjahre bestätigte sich ihm mehr
und mehr jenes schöne, einst von ihm ausgesprochene
Wort, daß die Menschheit zusammen erst der wahre
Mensch ist, und daß der einzelne nur froh und glücklich
sein kann, wenn er den Mut hat, sich im Ganzen zu
fühlen. Und kann wohl der tiefste Sinn unseres Maurerbundes, geliebte Brüder, jemals klarer aufgefaßt, würdiger
ausgedrückt werden, als es Goethe in diesen wenigen
Worten getan?

Die ganze Richtung seines Sinnes und Gemütes weihte
ihn zum Freimaurer. Der Begriff, daß große und edle
Zwecke nur durch ein treues Zusammenwirken vieler
Gleichgesinnten erreicht werden können, daß jede höhere
Wahrheit eines sinnlichen Symbols, jede gemeinsame
Tätigkeit streng geordneter Formen und Regeln bedürfe,
war ihm eigentümlich, ging aus seiner vollsten Überzeugung, aus seinem tiefen Studium der Geschichte und
der Natur hervor. Diesen Begriff zu befestigen, auch
in unserem Bunde zu betätigen, hat er nicht leicht eine
Gelegenheit vorüber gelassen.

Er war es, der unsern unsterblichen Protektor Karl
August unseren Hallen zuführte, er, der mit dem edlen,
zartsinnigen Herzog Ernst von Gotha langjährige vertrauteste Maurerverbindung unterhielt. Gleich fern von
aberwitziger Schwärmerei, wie von politischer Einwirkungs-

sucht, die jene, übrigens zum Teil ausgezeichneten Männer
des Illuminaten-Ordens ergriff, hat er nie die hohe Bedeutung verkannt, die unser Bund nach seinem reinen
Grundcharakter für edlere Gesittung und Ausbildung
seiner Glieder, für echte Humanität und Zivilisation und
dadurch für die Ruhe und Sicherheit der Staaten haben
kann und soll.[44])

Er beklagte es, wenn hier und da Ausartungen, die
ja auch keinem anderen bürgerlichen Institute fremd
bleiben, sich kundgaben; aber er hat nie die arg-
wöhnische Furcht geteilt, daß der Maurerbund dem Staate
oder der Religion gefährlich werden könnte.

Und fürwahr, dies Urteil, diese Überzeugung eines
Mannes wie Goethe, der niemals leichtsinniger Hingebung
oder revolutionärer Gesinnung auch nur im geringsten
verdächtig war, der die Labyrinthe des Irrtums und der
Leidenschaften so genau erforscht hatte, solch ein Ausspruch, geliebte Brüder, muß uns vom höchsten Werte,
muß für uns immerdar ein diamantener Schild gegen
Anfeindung und Verkennung sein.

Heilig für immer werden in unserem Gedächtnisse
wie in unseren Archiven die goldenen Worte bleiben, die
er bei Wielands, bei Ridels, Jagemanns, Müllers und
anderer Brüder Totenfeier uns zugesprochen; dreifach
heilig jene seelenvolle Erwiderung unseres Grußes bei
seiner maurerischen Jubelfeier:

> So die Menschheit fort zu ehren,
> Lasset, freudig überein,
> Als wenn wir beisammen wären,
> Kräftig uns zusammen sein!

Das Geheimnis hatte überhaupt stets für Goethe einen
ganz besonderen Reiz, nicht nur aus dem poetischen Gesichtspunkte, sondern auch vorzüglich darum, weil es vor

Entweihung würdiger Vorsätze und Bestrebungen sichert, ihr Gelingen erleichtert und die Willenskräfte der Verbündeten steigert. In seinem Wilhelm Meister und in den Wanderjahren deutet er häufig darauf hin, ja eine seiner schönsten und gehaltreichsten, leider unvollendeten Dichtungen trägt die Bezeichnung „Die Geheimnisse" an der Stirne und war bestimmt, unter dem Schleier der Poesie die Geschichte und den Charakter aller bekannten Religionen darzustellen und seine eigenen heiligsten Überzeugungen aufzunehmen. So hat er denn auch im Leben, ja selbst in alltäglichen Vorkommnissen diese Liebe zum Geheimnis betätigt und nur selten und ungern über die nächsten Anordnungen und Beschlüsse sich im voraus mitgeteilt. Noch unangenehmer war es ihm, wenn man sein Vorhaben erriet, oder irgend etwas, was er erst später vorzeigen oder eröffnen wollte, vorzeitig entdeckte oder zur Sprache brachte.

Seine Naturbetrachtungen hatten ihn gelehrt, wie alles Große und Bedeutende nur im stillen sich vorbereite, wachse und entwickle; seine Welterfahrung ihm bewiesen, daß die edelsten Unternehmungen, voreilig enthüllt, meist den feindseligsten Gegenwirkungen ausgesetzt sind. Und er besaß die Kunst und Selbstverleugnung, oft die herrlichsten Erzeugnisse seines schöpferischen Geistes viele Jahre lang zu verbergen — wie denn sein letztes Meisterwerk, der zweite Teil des Faust, aufs strengste bis zu seinem Tode versiegelt blieb.

Mit dieser Liebe zum Geheimnis hing auch eine seiner schönsten Maurertugenden, die Verschwiegenheit, zusammen; ja man darf sagen, daß er sie oft bis zum Extrem geübt hat. Die wichtigsten Geheimnisse und Aufschlüsse in öffentlichen wie in Privatangelegenheiten lagen in seiner Brust so verschlossen wie in einem Grabe; selbst unbedeutende Tagesvorkommenheiten bewahrte er mit gleicher Gewissenhaftigkeit, wenn nur irgend jemandem daraus Schaden oder Kränkung erwachsen konnte.

Niemand war diskreter als er; auch in den vertrau-lichsten, jovialsten Gesprächen verleugnete sich nie die ihm eigentümliche zarte Rücksicht auf alle Verhältnisse. Nie provozierte er irgend eine Vertraulichkeit; erfolgte sie gleichwohl, so mochte er sich gern als eine Art Beicht-vater betrachten, zögerte wohl zuweilen mit seinem Rat, aber wirkte im stillen, wo er nur konnte, der ihm kund gewordenen Verlegenheit abzuhelfen.

Aus jener Liebe zum Geheimnis entsprang nicht minder seine vorherrschende Neigung zum Rätselhaften, die nicht selten den Genuß seiner schriftstellerischen Leistungen erschwert.

Diese Neigung bildete sich in ihm zur überlegten Maxime aus; ich hörte ihn oft behaupten: ein Kunstwerk, besonders ein Gedicht, das nichts zu erraten übrig ließe, sei kein wahres, vollwürdiges; seine höchste Bestimmung bleibe immer, zum Nachdenken aufzuregen, und nur da-durch könne es dem Beschauer oder Leser recht lieb werden, wenn es ihn zwinge, nach eigener Sinnesweise es sich auszulegen und gleichsam ergänzend nachzu-schaffen.

Jene Tugend der Verschwiegenheit, jene zarte Diskre-tion verlieh dem Verhältnis seiner zahlreichen Freunde und Freundinnen zu ihm einen unaussprechlichen Reiz. Er verstand die seltene Kunst, Freund seiner Freunde in der jedem Naturell zusagendsten Weise zu sein. Ohne jemals sich ausschließlich hinzugeben, wußte er doch jeden, den er einmal erprobt hatte, sich ganz anzueignen und gleichwohl jede Eifersucht fern zu halten, alle auf die für sie passendste Weise zu ehren und zu erfreuen. Wie ehrfurchtgebietend auch sein ganzes Wesen immer-hin blieb, so machte er doch seine Überlegenheit nur in seltenen, prägnanten Fällen geltend, und auch dann nur im Gewande humoristischer Ironie, die, wie jede Gattung feinsten Scherzes, ihm in höchster Meisterschaft zu Gebote stand. Satire, Parodie und Mißlaune dagegen waren ihm im Innersten verhaßt.

Alles, was seine Schriften an Geist und hinreißender Darstellungsgabe enthalten, ward durch die Liebenswürdigkeit seiner persönlichen Mitteilungen noch weit überboten. Alle, die das Glück genossen, ihm in traulichen Kreisen näher zu kommen, werden diese vielleicht auffallende Behauptung aus voller Seele bestätigen. Niemand besaß, so oft er nur wollte, die Kunst der Unterhaltung, der Erzählung, der augenblicklich geistreichsten, schlagenden und doch dabei heitersten Gegenrede in höherer Virtuosität; dabei verstand er es aufs feinste, jedem hinlänglichen Raum zu eigener Geltendmachung zu lassen, ja gleichsam jedem das Beste, was er zu geben vermochte, zwanglos abzugewinnen.

Die Anmut seiner Tischreden, wo jeder kleine Anlaß, Funken des Witzes, sinnvolle Anspielungen oder die kernhaftesten Urteile und Aussprüche hervorrief, übertraf vielleicht noch der Zauber, den er in guten Stunden harmlosen Zwiegesprächs übte, wenn er die Schätze seiner Erfahrungen aufschloß, oder interessante Begebenheiten des Tages mit dem milden Lichte erhabener, ruhiger Weisheit beleuchtete, oder auch über die tiefsten sittlichen und künstlerischen Probleme mit genialer Klarheit und Einfachheit sich herausließ. Nicht schon in der ersten Stunde solchen Zusammenseins durfte man hoffen, dieser geistigen Blitze und wohltuenden Gemütsausströmung froh zu werden. Wie alles sich bei ihm folgerecht entwickelte und jedes sprunghafte Hervortreten oder absichtliche Ausforschen ihm verhaßt war, so bedurfte es auch erst längeren, ungestörten Gesprächs und zufälliger Anlässe, um die ganze Fülle seiner Liebenswürdigkeit zu entfalten. War aber ein solcher köstlicher Moment eingetreten, so schien sein ganzes Wesen verklärt, seine Brust gleichsam freier, ja die Person, zu der er sprach, ihm so viel lieber geworden, und er suchte und sann dann rings umher, wie er den befreundeten Genossen solcher traulichen Stunde noch mit einem sichtbaren Zeichen der Liebe und des Wohlwollens entlassen könnte.

Doch ich vergesse im Zudrang unschätzbarer Erinnerungen, daß ich vor einer Versammlung spreche, in der ja so viele das Bild seiner liebenswürdigen Mitteilungsweise im eigenen treuen Busen bewahren, — und wer von uns in diesem Kreise hätte mehr oder minder

> nicht seiner Rede geistbeseelte Kraft,
> nicht seiner Sitten Freundlichkeit erfahren?

Wo wäre ein Bürger dieser Stadt, ein Nachbar, ein Dienstleistender, der irgend je ihm nahe gekommen, und nicht lebenslang das Bild seiner würdigen Erscheinung, seiner ernst-bedeutsamen oder wohlwollend-heiteren Zusprache im Herzen trüge?

Wer erinnert sich nicht jener schönen erquicklichen Sommertage von 1814, wo er nach glücklich beendigtem Kriege für den jubelvollen Empfang des heimkehrenden geliebten Fürsten festliche Anordnungen unermüdet aussann und leitete? Wie er da, bald im frischesten Tatgefühl jedem seine Rolle ermunternd und belehrend zuteilte, bald von Straße zu Straße fröhlich umherwandelte, mit eigenen Augen dem Geleisteten nachsah, das noch Mangelnde ergänzte, bald bei dieser schon geschmückten Pforte zufrieden weilte, bald zu jenem Fenster hinein den Kränze und Schmuck Bereitenden heiter anregend zusprach, nun freundlich lobte, nun humoristisch schalt, überall gemütlich, ermutigend, belebend!

Oder wem schwebt nicht jener heilige Tag von Karl Augusts Jubelfeier (3. Sept. 1825) vor der Seele, wo er, der ehrwürdige Greis, in frühster Morgenstunde, dort jenem anmutigen Sommerhause seines Fürsten gegenüber, unvermutet aus dem Gebüsche heraustrat und durch die blumen- und lorbeerumschmückten Säulen sich leise hineinschlich, um, wie er der Lebensfreunde des Fürsten erster und ältester war, auch nun zuerst dem erhabenen Gefeierten, beredt in stummer Rührung, die Huldigung seines Herzens und jene Denkmünze, die fromme Gabe unserer Treue und Liebe,[45] darzubringen? — In wessen Andenken lebt nicht der unvergeßliche Abend desselben Tages, wo er das eigene festlich bekränzte Haus zahllosen Gästen und Freunden öffnete, sie um sich sammelte, durch heiterste Zusprache erquickte, aufs sinnigste bewirtete und — der Beglückteste unter den Beglückten — im süßen Dank- und Frohgefühl bis tief in die Nacht umherwandelte?[46]

Ja gewiß, meine geliebten Brüder, wenn einst die Hand, welche jüngst die frech-verleumderischen Worte: „Goethe ist in Weimar schon vergessen", öffentlich niederzuschreiben wagte; wenn einst diese Hand längst unbekannt vermodert, dann noch wird kein edles Herz in Weimars Mauern schlagen, dem Goethes Andenken nicht heilig wäre, kein Gebildeter auf Weimars Vorzeit zurückschauen, der nicht in Goethes Ruhme den köstlichsten Juwel erblickte, den ein segnendes Geschick dem Vaterlande und der Fürstenkrone unserer angestammten Beherrscher geschenkt hat, und der nicht, wenn rings umher das Genie des Dichters und Schriftstellers bewundert wird, mit süßem Stolze ausriefe: Uns war er mehr!

Sei mir vergönnt, noch mit wenigen Worten den für Weimar höchsten Leuchtpunkt unter Goethes Verdiensten zu berühren: sein Verhältnis zu unserem erhabenen und geliebten Fürstenhause. Es wird ewig unentschieden bleiben, ob dasselbe ihm, oder er demselben mehr und Größeres zu verdanken habe.

So innig waren der Fürsten und Fürstinnen Zuneigung, Anerkennung, großartige Förderung und Ermunterung, des Dichters und treusten Dieners Widmung, Hingebung und unerschütterliche Verehrung ineinander verzweigt und verflochten, so wechselsweise sich beseelend, erhebend, belohnend, daß man es zuversichtlich aussprechen darf: wie der schönste beiderseitige Ruhm sich in vielfacher Hinsicht gegenseits bedingt und begründet hat, so wird er auch in der Nachwelt ewig ungetrennt strahlen und leuchten.

In tausend Einzelheiten höchst verschieden, durch Naturell und Erziehung, Lebensrichtung und Sinnesweise, trafen Karl August und Goethe gleichwohl in dem geheimnisvollsten Punkte geistiger Verwandtschaft, in dem lebendigen Gefühl und in der aufrichtigen Anerkennung des rein Menschlichen dergestalt zusammen, daß vom ersten Zusammentreffen, von dem ersten Kontakt dieser ihrer innersten Lebenselemente an, keiner von dem anderen jemals mehr lassen konnte.

Ich halte mich verpflichtet, hier von einer vertraulichen Mitteilung Gebrauch zu machen, die einst unser verewigter Bruder Wieland mir machte: Wenn ich jemals, sprach er, noch so sehr mit Goethe zu zürnen veranlaßt werden, mich von ihm oder seiner Handlungsweise noch so sehr verletzt fühlen könnte, und es fiele mir ein — was niemand besser als gerade ich wissen kann —, welche unglaubliche Verdienste er um unsern Herzog in dessen erster Regierungszeit gehabt, mit welcher Selbstverleugnung und höchsten Aufopferung er sich ihm gewidmet, wieviel Edles und Großes, das in dem fürstlichen Jüngling noch schlummerte, er erst zur Entwicklung gebracht und hervorgerufen hat, so möchte ich auf die Knie niedersinken und Meister Goethe dafür mehr noch als für alle seine Geisteswerke preisen und anbeten.

Karl August und Goethe hatten wechselseits so große Achtung voreinander, jeder wußte des anderen Charakter und zarteste Eigentümlichkeit so gewissenhaft zu würdigen und zu schonen, daß sie sich mit unbedingter Offenheit vertrauten und sich dennoch wie Großmächte immer mit einer gewissen zarten Vorsicht behandelten.

Einst, als in den ersten Jahren nach der Schlacht von Jena die große Freimütigkeit des Herzogs in seinen politischen Urteilen und Äußerungen, und seine fortwährend höchst unverhehlte Anhänglichkeit an die Krone Preußen ernsthafte Besorgnisse erregten, beruhigte mich Goethe mit den Worten: Seien wir unbesorgt! Der Herzog gehört zu den Urdämonen, deren granitartiger Charakter sich niemals beugt, und die gleichwohl nicht untergehen können. Er wird stets aus allen Gefahren unversehrt hervorgehen; das weiß er recht gut selbst, und darum kann er so vieles wagen und versuchen, was jeden anderen längst zugrunde gerichtet hätte.

Wie dagegen Karl August seinen Goethe ehrte und liebte, davon läßt sich wohl kein schöneres Zeugnis — bedürfte es irgend noch eines — anführen, als jene einfachen Worte, die er dem Freunde als Dank für dessen Glückwunsch zu seinem Geburtstage am 3. September 1809 zurückschrieb: Meinen besten Dank für Deinen Anteil an dem heutigen Tag statte ich Dir ab. Wenn Du tätig, froh und wohl bist, solange ich noch mit Dir gute Tage erleben kann, so wird mir mein Dasein höchst schätzbar bleiben. Leb wohl. Karl August.

Und höchst charakteristisch, zumal an solchem Festtage, ist die lakonische Nachschrift: Wen an Göttlings

Stelle? Doch einen sehr Bedeutenden? (Bekanntlich war es unser Döbereiner, der kurz nachher an jenes verdienstvollen Verstorbenen Stelle berufen wurde.)

So schöne Verhältnisse erbten sich ununterbrochen fort, ja unser jetziger Großherzog erkannte darin ein unschätzbares väterliches Vermächtnis, und mit wahrhaft frommer Ehrerbietung und Liebe widmete er Goethe bis zu dessen letzten Lebenshauche die treueste und zarteste Fürsorge und Neigung.

Kaum wird irgend ein Land sich in unmittelbarer Folge, nahe an ein Jahrhundert hindurch, dreier so großartiger, so edel gesinnter Fürstinnen zu rühmen haben, als Weimar in Annen Amalien, Luisen und Marien Paulownen! Wie sie in Wohlwollen, Anerkennung und zartestem Vertrauen für Goethe wetteiferten, so ist auch er sich gleich geblieben in Ehrfurcht und Treue, in sinniger Huldigung und in dankbarem Gefühl für alle die glücklichen und schönen Stunden, die er ihren seelenvollen Mitteilungen verdankte. Er erkannte es oft mit tiefer Rührung, daß ihre Huld seine Jugend veredelt und nachsichtsvoll begünstigt, seine mittleren Jahre bereichert und beglückt, sein Alter erheitert und geschmückt habe. Auch auf ein hoffnungsvolles fürstliches Enkel- und Urenkelgeschlecht trug er die Gesinnungen liebevollster Ergebenheit und Widmung über; und wenn einst der blühende Prinz, den die segnende Fürsorge erhabener Eltern und die glücklichsten Naturanlagen der Hoffnung unserer Nachkommen entgegenreifen lassen, in die glorreiche Reihe seiner Ahnen eintritt, so wird das Bild der traulich belebenden Stunden, die Goethe ihm gewidmet, gewiß zu seinen fruchtbarsten Erinnerungen gehören.

Wir aber, denen der ewige Baumeister der Welten gegönnt hat, so viele unvergeßliche Jahre inmitten der edelsten Wirksamkeit unseres verklärten Bruders zu leben,

die wir jetzt mit frommer Hand und tiefbewegter Seele
den Kranz der Liebe und Ehrfurcht um seine Urne
schlingen, wir wollen mit ganzer Manneskraft uns selbst
aufrufen und geloben, festzuhalten an allem Großen,
Guten und Schönen, was er uns gelehrt, geschaffen und
als ein unvergängliches Erbteil hinterlassen hat, damit
wir, als wenn wir noch beisammen wären, im Geist mit
ihm zusammen sei'n. Dann wird sich jenes edelste Wort
an uns selbst erproben, welches Goethe am Grabe der
Herzogin Anna Amalia aussprach: Ja, das ist der Vorzug
edler Naturen, daß ihr Hinscheiden in höhere Regionen
segnend wirkt, wie ihr Verweilen auf der Erde, daß sie
uns von dorther, gleich Sternen, entgegenleuchten, als
Richtpunkte, wohin wir unseren Lauf bei einer nur zu oft
durch Stürme unterbrochenen Fahrt zu lenken haben;
daß diejenigen, zu denen wir uns als zu Wohlwollenden
und Hilfreichen im Leben hinwendeten, nun die sehn-
suchtsvollen Blicke nach sich ziehen, als Vollendete, Selige.

II. GOETHE
UND DAS MAURERTUM

I. FORM UND GEIST

DASS die Freimaurerei die Königliche Kunst heiße, weil sie ihre Formen aus den Händen Salomos, des Königs von Israel, und Hirams, des Königs von Tyrus, erhalten, wird heutzutage niemand mehr im Ernst behaupten. Aber ebenso unsicher wie die Veranlassung zu dieser ehrenden Bezeichnung ist der Ursprung ihrer Einrichtung. Wie weit ihre Vorgeschichte mit der Geschichte der altevangelischen Gemeinden, der Handwerkergilden, der Akademien und Sozietäten, der sozialen Reformpläne eines Andreä, Bacon, Comenius, Hartlieb zusammenhängt, ist noch nicht genügend aufgehellt, obwohl neuzeitliche Forscher, allen voran Ludwig Keller, dem lange vernachlässigten Gebiete ihre Aufmerksamkeit zugewandt haben. Ihre sichergestellte Geschichte beginnt in England mit der Gründung der Londoner Großloge am Johannistage 1717, in Deutschland zwanzig Jahre später mit der Errichtung der Loge de Hambourg, die anfangs zwar in französischer Sprache, aber zweifellos auf Grund des englischen Konstitutionenbuchs von 1723 arbeitete, 1740 von der Londoner Großloge durch Eintragung in deren Register sanktioniert wurde und für ihren vorsitzenden Meister, Matthias Albert Luttmann, die Bestallung als Provinzialgroßmeister von Hamburg und Niedersachsen erhielt. Nachdem am 15. August 1738 durch eine nach Braunschweig entsandte Deputation der Hamburger Loge der Kronprinz von Preußen (Friedrich der Große) zum Freimaurer gemacht worden war, wurde unter seiner Leitung Loge gehalten, auch nach seiner Thronbesteigung, wie aus den erhaltenen kurzen Nachrichten über die „Loge du Roi, notre Grand-Maître", hervorgeht. So ist auch für die im September 1740 in Berlin eröffnete Loge zu den drei Weltkugeln (anfangs Aux trois Globes) anzunehmen, daß sie nach dem Hamburger — also dem englischen — Ritual arbeitete. Doch hatten die weiterhin in Deutschland entstehenden Logen, selbst wenn sie sich von London ein Patent erbaten, nur lockeren Zusammenhang mit England. Die jenseits des Kanals gebräuchlichen Rituale und Instruktionen wurden nur mündlich überliefert und erlitten naturgemäß mancherlei Abänderungen. Und mit der Form änderte sich allmählich der Geist. Das Streben, das Glück der menschlichen Gesellschaft — oft doch nur der in diese engeren Kreise beschlossenen Gesellschaft! — zu fördern, ließ allerlei „ökonomische Pläne" entstehen und führte zur Beschäftigung mit den geheimen Künsten der Alchemie, der Geisterseherei u. dgl. Die Aufnahme in die Gesellschaft aber, die Einführung in ihre mehr oder weniger phantastischen Bestrebungen sollte besonders eindrucksvoll gemacht werden durch immer neu ersonnene feierliche Gebräuche. Bedeutsame Vorgänge mit symbolischen Handlungen zu verknüpfen, war uralte, von Geistlichen und Gelehrten, in Kirche und Universität, vom Ritter- und Bürgertum von jeher gepflegte Überlieferung. Vereine, in die man unter symbolischen Handlungen aufgenommen wurde, in vorgeschriebener Form in Scherz und Ernst verkehrte, gab es vor und neben der Freimaurerei allenthalben. Von Goethe erfahren wir, daß er während seiner Tätigkeit am Reichskammergericht in Wetzlar, 1772, sich in eine Rittergesellschaft aufnehmen ließ: „An einer großen Wirtstafel (im Gasthof zum Kronprinzen) traf ich beinah sämtliche Gesandtschaftsuntergeordnete, junge, muntere Leute, beisammen; sie nahmen mich freundlich auf, und es blieb mir schon den ersten Tag kein Geheimnis, daß sie ihr mittägiges Beisammensein durch eine romantische Fiktion erheitert hatten. Sie stellten nämlich mit Geist und Munterkeit eine Rittertafel vor. Obenan saß der Heermeister, zur Seite desselben der

Kanzler, sodann die wichtigsten Staatsbeamten; nun folgten die Ritter nach ihrer Anciennität . . . Übrigens wurde dieses fabelhafte Fratzenspiel mit äußerlich großem Ernst betrieben, ohne daß jemand lächerlich finden durfte, wenn eine gewisse Mühle als Schloß, der Müller als Burgherr behandelt wurde, wenn man die vier Haimonskinder für ein kanonisches Buch erklärte und Abschnitte daraus bei Zeremonien mit Ehrfurcht vorlas. Der Ritterschlag selbst geschah mit hergebrachten, von mehreren Ritterorden entliehenen Symbolen. Ein Hauptanlaß zum Scherze war ferner der, daß man das Offenbare als ein Geheimnis behandelte; man trieb die Sache öffentlich, und es sollte nicht davon gesprochen werden . . . In dieses Ritterwesen verschlang sich noch ein seltsamer Orden, welcher philosophisch und mystisch sein sollte und keinen eigentlichen Namen hatte. Der erste Grad hieß der Übergang, der zweite des Übergangs Übergang, der dritte des Übergangs Übergang zum Übergang, und der vierte des Übergangs Übergang zu des Übergangs Übergang. Den hohen Sinn dieser Stufenfolge auszulegen, war nun die Pflicht der Eingeweihten, und dieses geschah nach Maßgabe eines gedruckten Büchleins, in welchem jene seltsamen Worte auf eine noch seltsamere Weise erklärt oder vielmehr amplifiziert waren."

Solche Formen, mit einem erkünstelten Ernste geübt und den Neulingen eingeprägt, waren offenbar Nachahmungen alter Gebräuche, die kaum noch verstanden oder absichtlich ins Mißverständliche und Lächerliche gewendet waren; sie dienten eben nur als Würze der Geselligkeit. Für geselligen Verkehr unter geregelten Formen blieb nun Goethe auch weiterhin empfänglich. In der ersten Zeit seines Freundschaftsbundes mit dem jugendlichen Karl August mögen die Vergnügungen der „Lustigen von Weimar" derartige Formen verschmäht haben. Was

dazu beigetragen, während der Schweizerreise die Neigung
dazu wieder lebendig werden zu lassen, läßt sich — wie
schon bemerkt — nicht erkennen. Nach der Heimkehr
aber, als Goethe sich der Loge anzuschließen wünscht,
gesteht er offen in seinem Schreiben an Herrn v. Fritsch:
„Das gesellige Gefühl ist es allein, was mich um die Aufnahme nachsuchen läßt." Der Briefwechsel mit Lavater,
der so schöne Einblicke in sein Gemütsleben während und
nach der Reise gewährt, enthält keinerlei Aufschluß über
die tiefer liegenden Beweggründe zu seinem Schritte. Nur
die vollendete Aufnahme meldet er dem „Bruder" (was
jedoch nicht als freimaurerische Anrede aufzufassen ist)
in der kurzen Nachschrift zu einem Briefe vom 3. Juli 1780:
[NB. Ich bin Freimaurer geworden! Was sagt ihr dazu?

Im Tagebuch ist am 23. und 24. Juni die Loge erwähnt, und am 26. erhält Frau v. Stein die geheimnisvolle
Botschaft: Ein geringes Geschenk, dem Ansehen nach,
wartet auf Sie, wenn Sie wiederkommen. Es hat aber
das Merkwürdige, daß ich's nur einem Frauenzimmer ein
einzigs Mal in meinem Leben schenken kann.

Jeder Freimaurer erhält bei seiner Aufnahme ein Paar
Frauenhandschuhe, zum Zeichen der Hochschätzung, welche
die Brüder dem weiblichen Geschlecht, obwohl den Frauen
die Loge verschlossen bleibt, entgegenbringen; sie werden
dem Neuaufgenommenen eingehändigt mit der Erwartung,
daß er sie seiner treuen Lebensgefährtin (der gewonnenen
oder dereinst erwählten) überreichen werde. Daß diese
hier gemeint sind, geht aus dem Briefchen vom 24. Juli
hervor: Knebel schreibt mir, daß er auch einige Worte
von Ihnen zu sehen wünscht. Hier ist sein Brief, heute
abend kann ich ein Zeilchen mit wegschicken. Die be-
rühmten Handschuhe kommen hierbei. Adieu, meine Beste.

In der Folge findet sich keine weitere Anspielung
auf die Loge bis zum Johannistage 1782, dem Tage, der

für die Loge Amalia so verhängnisvoll war. Goethe
schreibt: Heute abend, ehe ich mich in die Geheimnisse
vertiefe, bringe ich Dir Deine Schlüssel selbst. Danke
für das Buch und bin eben über meinem geliebten dramatischen Ebenbild — (wo also der Logengeheimnisse und des
Wilhelm Meister unmittelbar nebeneinander gedacht wird).

Weniger verschwiegen zeigt er sich dem Herzoge
gegenüber, welcher selbst der Loge noch nicht angehörte,
wenn er am 26. Juni 1781 launig erzählt: Unsere Johannis-
loge war magerer als ein Hof zur Kurzeit, und wenn Bode
nicht noch durch einen Spaß bei Tische die Vorsteher
beleidigt hätte, so daß gar der alte Germar den Hammer
niederlegen wollte und Rothmaler eine lange Rede aus
dem Stegreif hielt, so wären wir ohne das geringste Interesse geschieden. Mehr Böcke sind wohl überhaupt im
Ritual und Formal an keinem Johannistage vorgegangen.
Ein deputierter unpräparierter Meister vom Stuhl, zwei
Vorsteher aus dem Stegreif usw. Und sobald von so etwas
der Pedantismus getrennt ist, dann gute Nacht.

Diese Kritik des neuen Br. Gesellen (Goethe war am
Tage vorher in den zweiten Grad befördert worden) kann
sich nicht auf die eigentliche Logenversammlung beziehen;
denn diese wurde vom Br. v. Fritsch geleitet und erhielt
eine besondere Weihe durch das huldreiche Geschenk,
das Anna Amalia den Brüdern mit ihrem Bildnisse gemacht hatte. Darauf meldet das Logenprotokoll nur noch:
„Nach der Lehrlingsloge wurde eine vergnügte Tafelloge
gehalten." Daran nahm offenbar Br. v. Fritsch nicht teil.
Der Vorsitz war dem Br. v. Schardt übertragen. Bei der
wenige Tage zuvor abgehaltenen Beamtenwahl war er zum
ersten Vorsteher, Br. v. Klinkowström zum zweiten Vorsteher ernannt worden. Letzterer war am Erscheinen behindert, und da Br. v. Schardt den ersten Hammer führte,
so waren die Ämter der beiden Aufseher den Brüdern

v. Germar und v. Rothmaler (zwei weimarischen Offizieren) vertretungsweise anvertraut worden. Bedenkt man außerdem, daß die Logenversammlungen in jenem Jahre verhältnismäßig selten waren, so erklärt sich — und entschuldigt sich wohl auch — die unsichere Handhabung des Rituals. Immerhin ist Goethes Forderung berechtigt, daß die Formen mit „Pedantismus", in der einmal festgesetzten, den Brüdern vertrauten Weise gehandhabt werden; andernfalls werden sie leicht lästig und lächerlich. Daß er es auch späterhin mit der Beobachtung der formalen Bestimmungen sehr genau nahm, zeigt sein Bedenken gegen die Teilnahme der Frauen an der Totenfeier für Wieland.

Ein förderlicher Verlauf von Versammlungen ist kaum denkbar ohne bestimmte Formen, die entweder überliefert oder für eine besondere Veranlassung verabredet sind. Ihren Wert erhalten sie einerseits durch die sichere Handhabung, anderseits durch den Sinn, der ihnen innewohnt oder beigelegt wird. Dieser ihnen beigelegte Sinn, ihre Symbolik im engeren Sinne, ist vielfach nur nach besonderer Belehrung zu erfassen. Das Bewußtsein des gemeinsamen Verständnisses erhöht dann das Gefühl der Zusammengehörigkeit der Eingeweihten, und so gehen Freude am Gebrauchtum und Freude am Geheimnis Hand in Hand. Im Zeitalter der Aufklärung entspricht diese Freude einer Forderung des Gemüts im Gegensatz zu den Ansprüchen des nüchternen Verstandes. Äußere Erfahrungen und innere Erlebnisse sollen im engeren, wohlgehüteten Kreise unter geziemenden Gebräuchen mitgeteilt werden. So spielen geheime Gesellschaften und deren Gebräuche eine große Rolle in dem 1731 anonym erschienenen Romane des Abbé Terrasson: Sethos; histoire ou vie tirée des monumens anecdotes de l'ancienne Egypte; in Hippels Kreuz- und Querzügen des Ritters A bis Z. (1793—94), und in Jung-Stillings allegorischem Roman: Das Heimweh (1794—96), zu dem vielleicht — nach A. Kobersteins Ansicht — Hippels Buch als Vorbild gedient hat, das aber noch auffälligere Berührung mit dem Sethos zeigt. „Es soll," sagt der Verfasser, „den Christen auf seiner Heimreise, seine Bildung zum Kreuzritter in dem Tempel von Jerusalem, unter den Prüfungen des geheimen Ordens der Felsenmänner darstellen und ist ausdrücklich gegen die Ritter vom flammenden Stern der Aufklärung geschrieben;" er scheint damit auf die Freimaurerei anzuspielen, deren Absichten er mißbilligt, während er sich ihre Äußerlichkeiten aneignet.

Nicht minder auffällig ist die Übereinstimmung zwischen Terrassons Buch und Schikaneders Text zur Zauberflöte.[47]) Ob in Mozarts großartiger letzter Tonschöpfung wirklich eine allegorische Darstellung der Schicksale der Freimaurerei in Österreich zu erblicken ist, bleibe dahingestellt; eine freimaurerische Oper ist sie jedenfalls: „Sieg des Lichts über die Finsternis, des Guten über das Böse, Prüfung und Reinigung der Menschen ist das moralische Wesen der Fabel;" diese Grundidee hebt Herder in der Adrastea hervor. Dies symbolische Element der Zauberflöte hatte auch Goethe vor Augen, wenn er (im Gespräch vom 29. Jan. 1827) zu Eckermann gelegentlich seiner Helena sagte, die Menge der Zuschauer habe ihre Freude an der Erscheinung: „dem Eingeweihten wird zugleich der höhere Sinn nicht entgehen". Wie lebhaft Goethes Interesse daran war, beweist „Der Zauberflöte zweiter Teil", den er 1796 zu schreiben begann, bis 1807 nach verschiedenen Unterbrechungen mehrmals wieder vornahm, aber schließlich unvollendet ließ. W. v. Biedermann erkennt in dem Kinde von Tamino und Pamina (ebenso wie H. Boos) den Genius der Aufklärung, den die heilige Priesterschaft am Leben zu erhalten sucht. Die Königin der Nacht, von Monostatos unterstützt, vermag nicht durch rohe Gewalt

den Genius zu vernichten; er entzieht sich, in höhere
Sphären entschwebend, der brutalen Verfolgung durch
Wächter und wilde Tiere.

Während sich hier das Geheimnisvolle in einer er-
dichteten Welt entfaltet, wo ihm volles Bürgerrecht zu-
gestanden werden kann, wird es im Wilhelm Meister,
dessen Anfänge mit Goethes Eintritt in die Loge zu-
sammenfallen, in das wirkliche Leben hineingetragen. Wilhelm bemerkt, daß trotz der freundlichen Aufnahme, die
er bei Lothario gefunden, ihm anfangs manches verheim-
licht wird. Bald aber stellt Jarno ihm die Einführung in
eine Gesellschaft in Aussicht, in welcher er lernen soll,
„sich in einer großen Masse zu verlieren, um anderer willen
zu leben und seiner selbst in einer pflichtgemäßen Tätigkeit zu vergessen". Wilhelm wird in einen geheimnisvollen
Turm geführt; von unsichtbaren Stimmen gelenkt, tritt
er in einen schwach beleuchteten Vorraum, dann in einen
Saal, der ehemals eine Kapelle gewesen zu sein scheint,
und nimmt einem Altar gegenüber Platz. Drei Personen
kommen der Reihe nach zu ihm, mit kurzer, rätselhafter
Anrede, hinter einem Vorhang hervor, der sie ebenso
plötzlich, als er sich aufgetan, wieder verbirgt. Ein an
der Wand hängendes Bild scheint zu ihm zu reden (der
gleiche Zug findet sich im „Heimweh"); der Abbé bringt
ihm seinen Lehrbrief und entläßt ihn mit einem Glückwunsch, daß seine Lehrjahre nun vorüber sind. Wie
Stillings Eugenius von Östenheim bemerkt er, wie er in
seinem bisherigen Lebensgange, ohne sein Wissen, von
der Gesellschaft beobachtet worden ist. Sie bildet ein
Ganzes, das wie durch ein Gleichnis die Gestalt eines Handwerks angenommen hat, das sich bis zur Kunst erhob, und
ist demgemäß in Lehrlinge, Gehilfen und Meister ge-
gliedert. Diese Stufen müssen aufs strengste beobachtet
werden; es können dabei viele Abstufungen gelten, aber

Prüfungen können nicht sorgfältig genug sein. Wer herantritt, weiß, daß er sich einer strengen Kunst ergibt, und er darf keine läßlichen Forderungen von ihr erwarten; ein einziges Glied, das in einer großen Kette bricht, vernichtet das Ganze. Die Oberen der Gesellschaft — einer Vorschule zu einem „Sozialstaate" — welche fortan seine Schritte leiten sollen, bleiben meist im Hintergrunde. Der Aufseher, dem er seinen Sohn übergibt, unterrichtet ihn über die Grundsätze, die hier gelten. Alle werden durch die drei Ehrfurchten zur Ehrfurcht vor sich selbst erzogen. In dreierlei Gebärde sind sie angedeutet (Wanderj. II, 1):

Das erste ist Ehrfurcht vor dem, was über uns ist. Jene Gebärde, die Arme kreuzweis über die Brust, einen freudigen Blick gen Himmel: das ist, was wir unmündigen Kindern auflegen und zugleich das Zeugnis von ihnen verlangen, daß ein Gott da droben sei, der sich in Eltern, Lehrern, Vorgesetzten abbildet und offenbart. Das zweite, Ehrfurcht vor dem, was unter uns ist. Die auf den Rücken gefalteten, gleichsam gebundenen Hände, der gesenkte, lächelnde Blick sagen, daß man die Erde wohl und heiter zu betrachten habe; sie gibt Gelegenheit zur Nahrung, sie gewährt unsägliche Freuden; aber unverhältnismäßig hohe Leiden bringt sie. Wenn einer sich körperlich beschädigte, verschuldend oder unschuldig, wenn ihn andere vorsätzlich oder zufällig verletzten, wenn das irdische Willenlose ihm ein Leid zufügte, das bedenke er wohl; denn solche Gefahr begleitet ihn sein Leben lang. Aber aus dieser Stellung befreien wir unsern Zögling baldmöglichst, sogleich wenn wir überzeugt sind, daß die Lehre dieses Grades genugsam auf ihn gewirkt habe; dann aber heißen wir ihn sich ermannen, gegen Kameraden gewendet, nach ihnen sich richten. Nun steht er strack und kühn, nicht etwa selbstisch vereinzelt; nur in Verbindung mit seinesgleichen macht er Front gegen die Welt.

Und weiter wird gelehrt:

Ungern entschließt sich der Mensch zur Ehrfurcht, oder vielmehr, entschließt sich nie dazu; es ist ein höherer Sinn, der seiner Natur gegeben werden muß, und der sich nur bei besonders Begünstigten aus sich selbst entwickelt, die man auch deswegen von jeher für Heilige, für Götter gehalten hat ... Die Religion, welche auf Ehrfurcht vor dem, was über uns ist, beruht, nennen wir die ethnische; es ist die Religion der Völker und die erste glückliche Ablösung von einer niederen Furcht; alle sogenannten heidnischen Religionen sind von dieser Art, sie mögen übrigens Namen haben, wie sie wollen. Die zweite Religion, die sich auf jene Ehrfurcht gründet, die wir vor dem haben, was uns gleich ist, nennen wir die philosophische: denn der Philosoph, der sich in die Mitte stellt, muß alles Höhere zu sich herab-, alles Niedere zu sich heraufziehen, und nur in diesem Mittelzustande verdient er den Namen des Weisen. Indem er nun das Verhältnis zu seinesgleichen und also zur ganzen Menschheit, das Verhältnis zu allen übrigen irdischen Umgebungen, notwendigen und zufälligen, durchschaut, lebt er im kosmischen Sinne allein in der Wahrheit. Nun ist aber von der dritten Religion zu sprechen, gegründet auf die Ehrfurcht vor dem, was unter uns ist: wir nennen sie die christliche, weil sich in ihr eine solche Sinnesart am meisten offenbart; es ist ein Letztes, wozu die Menschheit gelangen konnte und mußte. Aber was gehörte dazu, die Erde nicht allein unter sich liegen zu lassen und sich auf einen höheren Geburtsort zu berufen, sondern auch Niedrigkeit und Armut, Spott und Verachtung, Schmach und Elend, Leiden und Tod als göttlich anzuerkennen, ja Sünde selbst und Verbrechen nicht als Hindernisse, sondern als Fördernisse des Heiligen zu verehren und liebzugewinnen! Hiervon finden sich freilich Spuren durch alle Zeiten; aber Spur ist nicht Ziel, und da dieses einmal erreicht ist, so kann die Menschheit nicht wieder zurück, und man darf sagen, daß die christliche Religion, da sie einmal erschienen ist, nicht wieder verschwinden kann; da sie sich einmal göttlich verkörpert hat, nicht wieder aufgelöst werden mag.[48])

Gedanken, wie sie hier, wie sie an andern Stellen in Goethes Schriften ausgesprochen sind und weiterhin noch zu berühren sein werden, erscheinen als freimaurerische Gedanken nicht sowohl deshalb, weil Goethe sie aus der Loge übernommen hat, als vielmehr, weil seine Auffassung edeln Menschentums im Verein mit den wesentlich damit zusammenstimmenden Anschauungen Herders allmählich in die Loge übergegangen ist, läuternd und fördernd auf das Maurertum des 19. Jahrhunderts eingewirkt hat. Um seine Stellung zur Loge als Trägerin solcher Anschauungen zu verstehen, muß in Betracht gezogen werden, welcher Art die Zustände des deutschen Logenwesens zur Zeit seiner Aufnahme in die Loge zu Weimar waren, und wie die Schicksale gerade dieser Loge sich weiterhin gestalteten.

Geschichtlich die Irrwege zu verfolgen, auf welche die Maurerei um die Mitte des 18. Jahrhunderts geraten war, ist eine ebenso schwierige als unerquickliche Aufgabe. Die schlichten Formen des Handwerks, die der Logensymbolik zugrunde liegen sollen, hatten namentlich in Frankreich der Sucht nach glänzenden Äußerlichkeiten und hochtönenden Worten nicht mehr genügt. Zu der wohlbegründeten handwerksmäßigen Dreiteilung der Logenmitglieder in Lehrlinge, Gesellen und Meister trat eine immer zunehmende Mannigfaltigkeit der Abstufung — ohne inneren Grund, ohne nützlichen Zweck, mit einem sonderbaren Gemisch von Benennungen und Gebräuchen — eine Quelle des Hochmuts und der Unduldsamkeit. In Deutschland, wo man für französische Sitte und Mode so empfänglich war, fand man auch daran Gefallen. Die Sage, einige der Tempelherren, die 1313 der Vernichtung ihres Ordens in Frankreich entgangen wären, hätten vom letzten Ordensmeister wichtige Geheimnisse erhalten, nach Schottland gerettet und in den dortigen Bauhütten fortgepflanzt, fand in Großbritannien und Frankreich — wie später in Skandinavien — bereitwilliges Gehör. Aus Paris kam der erneute Orden nach Deutschland durch den Reichsfreiherrn Karl Gotthelf von Hund und Altengrottkau (1722 zu Mönau i. d. Oberlausitz geboren), der sich im guten Glauben an sein von unbekannten Oberen ihm verliehenes Patent als Heermeister der Tempelherren benahm, sich in dieser Würde durch den mit unglaublicher Frechheit und unbegreiflichem Erfolge auftretenden Betrüger Johnson[49]) bestätigen ließ, teils auf seinen Gütern in der Lausitz, teils in Thüringen sich aufhielt und, nachdem er zur katholischen Kirche übergetreten, 1776 in Meiningen starb. Das von ihm eingeführte System bestand aus den drei maurerischen Graden, einem vierten oder Schottengrade, welchem noch die des Novizen, des Tempelritters und des „Eques professus" folgten. Wie weit der Einfluß der höheren Grade auf die unteren gegangen sein mag, ist schwer zu erkennen. In den Protokollen über die Logenarbeiten in Weimar ist keinerlei Anspielung darauf zu finden — nur in den Mitgliederverzeichnissen ein Hinweis auf die Zugehörigkeit zum Schottengrade. Dessen Mitglieder scheinen die eigentliche Logenverwaltung geführt zu haben. Daß aber der Logenleiter als „Hauskomtur" bezeichnet worden wäre, bestätigt sich nicht; dem alten Herkommen gemäß heißt er stets Meister vom Stuhl. Wenn in den siebziger Jahren die Logenarbeiten nur in unregelmäßigen, längeren Zwischenräumen stattfanden, so ist dies wohl daraus zu erklären, daß sich das Interesse hauptsächlich jenen höheren Graden zu-

wandte. Bode, der „Ritter von der Maienblume", und
J. v. Fritsch, der „Ritter vom Rundschilde", waren einfluß-
reiche Ordensmitglieder, und es wurde später (1785) sogar
in Aussicht genommen, das Ordensdirektorium und Archiv
nach Weimar zu verlegen, worauf jedoch Karl August
nicht einging. Ganz abgesehen von seiner Verbreitung in
den Nachbarländern, namentlich in Frankreich, erlangte
der Orden in Deutschland eine beträchtliche Ausdehnung;
gegen dreißig deutsche Fürsten gehörten ihm an. Die
ganze Einrichtung nimmt sich, wenigstens nach den Papieren, welche aber nur spärlich erhalten oder schwer
zugänglich sind, sehr bedeutend aus. Strenge Disziplin
wurde gefordert, unbedingter Gehorsam gegen die Höher-
stehenden, die sich in ihren Anordnungen auf die unbekannten Oberen beriefen. Die zusammengebrachten
Gelder, wozu v. Hund mit seiner Gutmütigkeit und Men-
schenfreundlichkeit einen bedeutenden Teil beigetragen
hatte, waren teils zu Wohltätigkeitsanstalten, teils zur
Hebung des Wohlstandes der ritterlichen Mitglieder bestimmt: letztere Verwendung stand jedenfalls obenan. Die
entstandenen Bedenken und Zwistigkeiten konnten durch
den Konvent zu Wilhelmsbad (1782) nicht beseitigt werden,
und damit fand die strikte Observanz ihr Ende. Ab-
zweigungen und Fortsetzungen haben für die Logen-
geschichte Weimars keine Bedeutung.

In Gotha hatte inzwischen der Illuminatenorden Eingang gefunden. Bode und der weimarische Kammerherr
Adolf Ludw. v. Knigge (der bekannte Schriftsteller) waren
für seine Ausbreitung tätig gewesen, und in Gotha waren
der vortreffliche Landesfürst, Herzog Ernst II., dessen
stetes Streben es war, „Menschenbeglückung durch Men-
schenveredelung zu fördern", mit seinem Bruder August
dafür gewonnen worden. Von einem Exjesuiten, dem
Ingolstädter Professor Adam Weishaupt (1748—1830) ge-

gründet, hatte der Geheimbund eine dem Jesuitenorden ähnliche Organisation und suchte seinen Zweck der Veredelung seiner Mitglieder, Verbreitung geistiger Bildung, Bekämpfung des kirchlichen und staatlichen Despotismus, einesteils durch erziehliche Bestrebungen, andernteils durch Gewinnung politischen Einflusses zu erreichen. Auch hier wurden die Freimaurerlogen als geeignete Vorschule angesehen, so daß die alte Mutterloge zu den drei Weltkugeln in Berlin sich im November 1783 zu der Erklärung veranlaßt sah:[50] „Wir gestehen frei, daß wir ihre Anhänger niemals für Freimaurer erkennen oder den mindesten Umgang mit ihnen haben, am wenigsten Zutritt zu unsern Logenarbeiten ihnen verstatten werden. Verflucht ist der Freimaurer, der die Religion der Christen zu untergraben und die erhabene edle Maurerei zu einem politischen System herabzuwürdigen und zu einem solchen umzuschaffen sich nicht entblödet. Der augenscheinlichen Gefahr nicht zu gedenken, daß dadurch der weltliche Arm später oder früher gegen die Maurerei erregt werden dürfte.“ In Bayern begann 1784 von Staats wegen eine Verfolgung der Bundesglieder. Weishaupt fand eine Zufluchtsstätte in Gotha, wo er „seinem öffentlichen Wandel zufolge, allgemein als ein redlicher und hochachtbarer Mann galt“. Herzog Ernst, der nach dem Bekanntwerden der Ordensschriften bedenklich geworden war, und dem es widerstrebte, „ein Werkzeug des Ehrgeizes und geheimer Nebenabsichten einiger Häupter“ zu sein, gab die Verbindung mit dem Orden auf,[51] und schließlich erlosch er, ohne recht eigentlich in Wirksamkeit getreten zu sein.

Aber noch hörten die Versuche nicht auf, der Freimaurerei ganz fremdartige Absichten unterzuschieben, die ihrem ursprünglichen Zweck völlig zuwider waren und ihr Ansehen bedauerlich schädigten, wie denn halbverstandene, absichtlich entstellte Berichte über derlei Erscheinungen

106

sie noch heutigen Tags manchem in falschem Lichte erscheinen lassen. Abenteurer wie Schrepfer, St-Germain, Cagliostro, die sich als Freimaurer gebärdeten, der Freimaurerei neue Ziele setzten und neue, unerhörte Erfolge verhießen, erregten allgemeines Aufsehen. Schillers unvollendeter Roman: Der Geisterseher, Goethes Lustspiel: Der Großkophta geben davon Zeugnis. Das Sittengemälde, das Goethe hier in lebendigen Farben aufrollt, läßt so schwere Verirrungen erblicken, daß man zweifeln darf, ob das Bühnenwerk wirklich ein Lustspiel heißen dürfe. Die Anknüpfungen an maurerische Gebräuche, in Handlung und Wort, läßt auch hier Goethes fortdauerndes Interesse an einem Ritual bemerken, dessen ernste und berechtigte Handhabung er allerdings in Weimar nur wenig hatte kennen lernen.[52]) Unmittelbar nach seiner Erhebung in den Meistergrad war das Logenleben tief eingeschlafen, und strikte Observanz und Illuminatismus, wenn sie fortbestanden hätten, würden ihm kein reineres Bild der Maurerei haben geben können.

Dadurch wird es verständlich, daß sein Gutachten vom Jahresschluß 1807 so wenig günstig lautet, daß ihm die Freimaurerei einen Staat im Staate zu bilden scheint und er eine neue Logengründung bedenklich findet. Karl August hatte offenbar eine freiere Auffassung der Verhältnisse, und er legte Wert darauf, daß die Loge in Weimar wiederbelebt würde. Wenn nun einige Monate nachher Goethe auf diesen Plan eingeht, mit dem Vorschlage, es möge nach dem früheren Ritual geschehen, womöglich unter der Leitung des 77jährigen Herrn von Fritsch, so kann er von dem neuen Geiste, der im neuen Jahrhundert durch Schröders und Herders einmütiges Zusammenwirken in die Loge eingezogen war, keine genauere Kenntnis gehabt haben. Er gibt jedoch zu, daß das seit sieben Jahren in Rudolstadt heimisch gewordene Schrödersche

System „sehr vernünftig" sei, und tritt dem Entschlusse bei, dieses System, unter Anschluß an die Hamburger Großloge, in die wiedererweckte Loge Amalia einzuführen.[53]) Es begann danach unter Bertuchs Leitung eine regelmäßige, ernste und gedeihliche Logentätigkeit. Daß Goethe die Versammlungen nur zeitweilig besuchte, 1812 sein Wegbleiben mit der Häufung seiner Geschäfte begründete und auf die Dauer entschuldigt zu sein wünschte, daß er fortan nur ausnahmsweise und seit der Aufnahme seines Sohnes nicht mehr kam, ist schon erwähnt worden. Zunächst mag er sich wenig Gewinn davon versprochen haben, da er mit Bertuch zwar höflich und rücksichtsvoll verkehrte, ihn aber nicht gerade hochschätzte. Dennoch richtete er 1810, als Bertuch sich zum Rücktritt von dem wohlgeführten Amte genötigt sah, die freundlichen (wenn auch sehr lakonischen) Zeilen an ihn: Den verehrten Meister vom Stuhl würde brüderlich dringend ersuchen, seine Amtsführung fortzusetzen. —

Die Brüder Ridel und von Müller standen Goethe näher. Hochschätzung für den verstorbenen Ridel war es jedenfalls, was ihn bestimmte, dessen Nekrolog durch seine Betrachtung über die Bedeutung der Trauerloge einzuleiten. Der vertraute Umgang mit dem Kanzler und deputierten Meister bot ihm Gelegenheit, sich über wichtige Vorgänge in der Loge zu unterrichten, die im Logenleben eingetretene Läuterung zu erkennen und die Bedeutung zu würdigen, die der Bund „nach seinem Grundcharakter für edle Gesinnung und Ausbildung seiner Glieder, für echte Humanität und Zivilisation und dadurch für die Ruhe und Sicherheit der Staaten haben kann und soll": sein früheres Bedenken gegen die Maurerei war also gehoben, und bei geeigneter Gelegenheit gab er gern Teilnahme und Zustimmung den Brüdern zu erkennen.

Hat demnach Goethe durch persönliches Erscheinen

in den Logenversammlungen nur in beschränktem Maße
auf die Brüder einwirken können, so hatten die Mitlebenden
und haben die Nachlebenden doch das Recht, mit Br.
v. Müller es freudig und dankbar auszusprechen: Er war
unser! — Altertümlich dunkel klingt es, von der Freimaurerei als der königlichen Kunst zu reden; schlichter
und klarer heißt sie uns die Lebenskunst. Wer aber hätte
die Kunst zu leben besser verstanden und geübt als Goethe?
Seine Empfindungsweise entspricht seiner Überzeugung:

edlen Seelen vorzufühlen,

ist wünschenswertester Beruf.

Und noch höherer Beruf ist es, vorbildlich zu wirken, wie
es Goethe getan. In seinem langen und reichen Leben
sehen wir Weisheit, Stärke und Schönheit in wunderbarem
Gleichmaß vereint.

Eine Fülle von Weisheit zeigt sich uns — mögen wir
sie in Selbsterkenntnis oder Welterkenntnis, in angesam-
melten Wissensschätzen oder in tiefem Verständnis für
die rechte Lebensführung erblicken. In Goethes nach
allen Richtungen ausgebreitetem Wissen — vom Verständnis der Gotik des Straßburger Münsters bis zur Lehre
von dem Zwischenknochen, von dem Herzensleben eines
Werther bis zu der zauberhaften Poesie des west-östlichen
Divans — überall ist das erfolgreiche Bestreben erkennbar,
die Natur in ihrer Einheit zu erfassen und dem Menschen
seine richtige Stellung im Universum und im Ganzen der
Menschheit anzuweisen. So äußert er einmal, daß „die
Menschheit zusammen erst der wahre Mensch ist, und
daß der einzelne nur froh und glücklich sein kann, wenn
er den Mut hat, sich im Ganzen zu fühlen". Bei aller
Erkenntnis der Überlegenheit seiner eignen Individualität,
bei den unzähligen Huldigungen, die ihm bei Lebzeiten
zuteil wurden, verlor er nie das klare Bewußtsein seiner
menschlichen Beschränktheit, wollte er nie heraustreten

aus dem Ganzen, nie die brüderliche Gleichheit aufgehoben
wissen, die vor allem in der Loge herrschen soll, „wo
sich' jeder bescheidet, in Betracht höherer, allgemeinerer
Zwecke auf alles Besondere Verzicht zu leisten". Er erkennt also an (mit Spinoza), daß dem Menschen nichts
nützlicher sei als der Mensch, daß er die größte Bürgschaft
für sein Lebensglück erreiche im Lebensglück anderer:

Edel sei der Mensch,

Hilfreich und gut!

Denn das allein

Unterscheidet ihn

Von allen Wesen,

Die wir kennen.

Heil den unbekannten

Höhern Wesen,

Die wir ahnen!

Ihnen gleiche der Mensch;

Sein Beispiel lehr' uns

Jene glauben.

Und mit diesem Hinweis vom Menschlichen auf das
Göttliche schließt diese Dichtung, wie sie begonnen:

Der edle Mensch

Sei hilfreich und gut!

Unermüdet schaff' er

Das Nützliche, Rechte,

Sei uns ein Vorbild

Jener geahneten Wesen!

Was hier als das Göttliche, ja mit antikisierender Wen-
dung als eine Mehrheit geahnter Wesen bezeichnet ist,
anderwärts ehrfurchtsvoll das Höchste genannt wird, ist
„der Allumfasser, der Allerhalter", zu welchem in Goethes
Namen sich Faust bekennt. Und zu jeder Zeit seines
Lebens hat Goethe in seinen Werken, in brieflichen Äußerungen und im vertrauten Gespräch seine Hochschätzung

der Religion ausgesprochen, seine persönliche Religiosität bekundet. Diese Gesinnung zum Ausdruck zu bringen, war die groß angelegte Dichtung: Die Geheimnisse bestimmt. Ihr Gegenstand läßt sich nach H. Baumgart (Goethes „Geheimnisse" und seine indischen Legenden; Stuttgart 1895, S. 29) dahin zusammenfassen: „das Verhältnis der geheimnisvollen Umhüllungen, der symbolischen Mythen der Religionen, zu dem Kern und Wesensinhalt der Religion darzustellen". In der Allegorie sollten zwölf Rittermönche auftreten, von allen Enden der Erde versammelt, deren jeder Gott auf seine eigenste Weise verehrt; der Hörer sollte im Geiste durch alle Länder und Zeiten geführt werden, überall das Erfreulichste erfahren, was die Liebe Gottes und der Menschen unter so mancherlei Gestalt hervorbringt. Daß auch hier, wie im Wilhelm Meister, dem Christentum die bedeutendste Stellung zugedacht war, ist durch das Zeichen des mit Rosen umwundenen Kreuzes angekündigt, das am Eingange zu dem „ideellen Montserrat" den Pilger begrüßt. Es darf dabei erinnert werden, daß die gleichen Symbole für die geheime Brüderschaft gewählt waren, deren Bestehen in früheren Jahrhunderten mehr behauptet als bewiesen ist, der Pflege des unverfälschten Christentums (im Sinne der altevangelischen Gemeinden) und der Erforschung der Natur gewidmet — 'der Pansophie des Comenius. Allerdings scheint der Orden der Gold- und Rosenkreuzer, welcher als Fortsetzung der älteren Gesellschaft auftrat und Anschluß an die Freimaurerlogen suchte und hier und da auch fand, sich vorzugsweise mit Goldmacherei befaßt zu haben. Daß in seine Blütezeit — soweit überhaupt von einer solchen die Rede sein kann — die Entstehung von Goethes „Geheimnissen" fällt, erscheint immerhin bemerkenswert.

Neben dem Gottesgedanken ist für die Ausgestaltung der Religion die Unsterblichkeitsfrage vor allem bedeutsam. Für Goethe war die Fortdauer nach dem Tode eine selbstverständliche Sache. In diesem Punkte hat er sich sein ganzes Leben hindurch von jedem grundsätzlichen Meinungswechsel ferngehalten.[53]) Aus der vorweimarischen Periode stammen verschiedene Stellen, in denen auf ein Fortleben und Wiedersehen nach dem Tode verwiesen wird; an Knebel schreibt er 1781: „Ein Artikel meines Glaubens ist es, daß wir durch Standhaftigkeit und Treue in dem gegenwärtigen Zustande ganz allein der höheren Stufen eines folgenden wert und sie zu betreten fähig werden, es sei nun hier zeitlich oder dort ewig"; zu Karoline v. Egloffstein sagt er 1818: „Das Vermögen, jedes Sinnliche zu veredeln und den totesten Stoff durch Vermählung mit der geistigen Idee zu beleben, ist die sicherste Bürgschaft unseres überirdischen Ursprungs, und wie sehr wir auch durch tausend und abertausend Erscheinungen dieser Erde angezogen und gefesselt werden, so zwingt uns doch eine innige Sehnsucht, den Blick immer wieder zum Himmel zu erheben, weil ein unerklärbares tiefes Gefühl uns die Überzeugung gibt, daß wir Bürger jener Welten sind, die so geheimnisvoll über uns leuchten, und wir einst dahin zurückkehren werden"; und wieder zu Eckermann 1824: „Der Mensch hebt forschend und sehnend den Blick zum Himmel auf, weil er tief und klar in sich fühlt, daß er ein Bürger jenes geistigen Reiches sei, woran wir den Glauben nicht abzulehnen noch aufzugeben vermögen. In dieser Ahnung liegt das Geheimnis des ewigen Fortstrebens nach einem unbekannten Ziele", — und ein andermal: „Die Überzeugung unserer Fortdauer entspringt mir aus dem Begriff der Tätigkeit; denn wenn ich bis an mein Ende rastlos wirke, so ist die Natur verpflichtet, mir eine andere Daseinsform anzuweisen, wenn die jetzige meinem Geist nicht ferner auszuhalten vermag."

Bis an das Ende rastlos zu wirken, ist eine hohe
Forderung an die menschliche Natur, die in manchem
Menschenleben unerfüllt bleibt. Nicht jedem ist es vergönnt, sie in solchem Umfange zu erfüllen, wie es Goethe
getan, bei dem sich mit der Weisheit aufs schönste die
Stärke verband. Wollen wir die Stärke sich bewähren
sehen der eignen Person gegenüber — in der Selbstbeherrschung, oder der Welt gegenüber — in allseitiger
Verwertung und Dienstbarmachung verliehener Kräfte:
beides erblicken wir in Goethes Leben verwirklicht. Mit
einem starken Eigenwillen und heißer Empfindungsfähig-
keit trat er ins Leben; von der Wiege an war das Glück ihm
hold: für manchen anderen Grund genug zu Verweich-
lichung und genießender Ruhe. In ihm aber sehen wir zu
der Fülle geistig-sinnlicher Triebe die erkennende Weisheit
und die beherrschende Kraft sich gesellen, und in har-
monischer Einigung erwächst aus den anfangs divergieren-
den Mächten der willensstarke Charaktermensch, zu vielseitiger tiefer Einwirkung berufen und fähig. Faßt man
zunächst die sozusagen alltägliche Veranlassung ins Auge,
anderen nützlich zu werden durch Übung der Wohltätig-
keit, Goethe hat sie gern und liebevoll geübt, und ohne
viele Worte davon zu machen. „Ich bitte Gott," sagt er
einmal, „daß er mich täglich haushälterischer werden
lasse, um freigebig sein zu können, es sei mit Geld oder
Gut, Leben oder Tod." Vielfach unterstützte er Künstler
und Gelehrte, nahm er sich mit Rat und Tat der Hilfs-
bedürftigen an. Aus Gera hatte sich — um nur an ein
Beispiel zu erinnern — ein verarmter, heruntergekommener
Mann bittend an ihn gewendet, unter dem angenommenen
Namen Kraft. Goethe schrieb ihm nicht nur freundliche
Trostesworte, er schickte ihm auch Kleider und Geld und
unterstützte ihn sieben Jahre hindurch, bis 1785 der Un-
glückliche starb und Goethe auch noch die Kosten des

Begräbnisses übernahm. „Sie sind mir nicht zur Last,"
hatte er dem durch die empfangenen Wohltaten Bedrück-
ten geschrieben, „vielmehr lehrt's mich wirtschaften. Ich
vertändele viel von meinem Einkommen, das ich für den
Notleidenden sparen kann. Und glauben Sie denn, daß
Ihre Tränen und Ihr Segen nichts sind? — Es ist mehr
eine Wohltat von Gott, wenn er uns, da man so selten
was tun kann, einmal einen wirklich Elenden erleichtern
heißt." Nicht zufrieden damit, durch seine Schriften Unzähligen Freude und Erhebung zu gewähren, ließ er sich
die Förderung auch des materiellen Wohlstandes anderer
angelegen sein; und wenn seine private Werktätigkeit der
Natur der Sache nach nur einzelnen Personen nützen
konnte, auch seine Wirksamkeit als Staatsbeamter durch
die engen Grenzen des weimarischen Landes beschränkt
war, seine Gedanken waren auf umfassendere Werke gerichtet. Besonders am Schlusse des Faust ist diese Richtung erkennbar. Nach Goethes Absicht sollte im zweiten
Teil seine große Dichtung „sich aus den bisherigen
kümmerlichen Sphären erheben und einen solchen Mann
in höhere Regionen durch würdigere Verhältnisse durch-
führen". Zwar erscheint diese Absicht nicht ganz erreicht.
Nicht eigentlich handelnd tritt Faust auf in den ersten
vier Akten des zweiten Teils; statt seiner ist „unversehens
ein anderer Held eingeschoben, ein sehr ideeller, aber
dafür auch ganz unpersönlicher[54]) ... An Stelle der Geschichte Fausts tritt die Geschichte der Hauptrichtungen
der menschheitlichen Entwicklung, an die Stelle der
Tragödie eine dichterisch behandelte Philosophie der Geschichte" — an sich also auch ein Gegenstand von allgemein menschlichem Interesse. Anders aber im fünften
Akte, wo Faust aus der Rolle des teilnehmenden Zu-
schauers hinaustritt in die eines gemeinnützig Handelnden
und Schaffenden. Dem Meere fruchtbares Land ab-

114

zugewinnen, entwicklungsfreudige Ansiedlungen zu gründen, „auf freiem Grund mit freiem Volk zu stehn" — das
ist das Ziel, dem seine letzten Kräfte gelten. So finden
sich hier ähnliche Gedanken, wie sie in den Wanderjahren
noch bestimmter gefaßt und weiter ausgeführt sind, wenn
auch nicht so sicher begründet, daß sie praktisch durch-
führbar wären. Auf das Gebiet der Sozialpolitik ist die
Humanitätsidee des 18. Jahrhunderts übertragen, die
der Gegenwart ziemlich fremd geworden ist, auf deren
Pflege aber im Grunde die Bedeutung der Freimaurerei
beruht. Wer das Erbe Fausts antreten wird, das läßt die
Dichtung nicht erkennen; es fehlt der tröstliche Gedanke:
er lebt im Sohne! Ihm selber doch gereicht die Entfaltung
seiner Tatkraft, womit sein Erdendasein abschließt, zum
Segen; es winkt ihm die Verheißung:

> Wer immer strebend sich bemüht,
> Den können wir erlösen.
> Und hat an ihm die Liebe gar
> Von oben teilgenommen,
> Begegnet ihm die selige Schar
> Mit herzlichem Willkommen.

Die selige Geisterschar, die Faustens Unsterbliches
empfängt, denken wir uns im ewigen Lichte wohnend, im
Vollgenuß ewiger Schönheit. Auch das irdische Dasein
wird harmonisch erst dadurch, daß darin mit Weisheit
und Stärke sich die Schönheit vereint, daß Verstand und
Tatkraft mit dem Gemüt in beständiger gedeihlicher
Wechselwirkung stehen. Auf die doppelte Quelle des Ge-
mütslebens deutet der Ausspruch Kants von den Dingen,
die es mit immer neuer Bewunderung und Ehrfurcht erfüllen: der bestirnte Himmel über uns und das moralische
Gesetz in uns — Quellen der inneren menschlichen Schönheit und der äußeren natürlichen Schönheit, zwischen die
als verbindendes Glied die Schönheit der Kunst tritt. Von

jeglicher Schönheit durchdrungen stellt sich das Leben
Goethes dar. Von der inneren Schönheit seines Wesens
und Wirkens ist schon zu reden gewesen. Empfänglich
war er von Jugend auf für das Schöne in Natur und
Kunst. Bemerkenswert ist es, daß das erste regelrechte
Kunstwerk, das ihn mit hoher Bewunderung erfüllte, ein
Bauwerk war. Die Schönheit des Straßburger Münsters
begeisterte ihn zu seiner Abhandlung: Von deutscher Bau-
kunst — gewissermaßen als Vorbereitung zu eigner geistiger Maurerarbeit seiner späteren Jahre. Noch im Wilhelm
Meister, wo die Handwerke für Künste erklärt und durch
die Bezeichnung „strenge Kunst" von der „freien" ab-
gesondert werden, sind zuerst die Steinmetzen genannt,
die den Grund- und Eckstein vollkommen bearbeiten,
den sie mit Beihilfe der Maurer am rechten Orte in der
genauesten Bezeichnung niedersenken. Weniger durch die
Gesetze der Mechanik, durch Anpassung an das Material
gebunden und freierer Entfaltung fähig sind Maler- und
Bildhauerkunst, denen Goethe dauerndes eingehendes
Interesse zuwendet. Wenn er dabei in späterer Zeit für
die Kunst des klassischen Altertums überwiegende Wert-
schätzung hat, so darf als ein Gegenstück dazu aus der
freimaurerischen Literatur die Vorliebe angeführt werden,
die das alte Konstitutionenbuch, indem es die Entwicklung des Maurerbundes an die Geschichte der Bau-
kunst anknüpft, für den „Augusteischen Stil" kundgibt.
Vor allem aber beschäftigten Goethe die Schöpfungen
der Dichtkunst, von den gewissermaßen spontanen Äußerungen des Gefühlslebens, in denen Herder die „Stimmen der
Völker in Liedern" erkannt hatte, bis zu den tiefst durch-
dachten und formvollendeten Dichtungen aller Zeiten, die
Goethe zu einer Weltliteratur zusammenzufassen vorschlug.
Was er nun selbst zu jeder Gattung schöner Literatur beigetragen, das hat, von seiner unmittelbaren Wirkung auf

116

das Gemüt abgesehen, den Gegenstand so vielfacher, liebe-
voller und feinfühliger Studien gebildet, daß sich hier jede
weitere Bemerkung erübrigt. Nur andeutungsweise ist im
Vorhergehenden, dem besonderen Zwecke unserer Betrachtung entsprechend, ein Teil seiner Werke erwähnt
worden; vielleicht ließen sich damit noch neue Gesichtspunkte zu ihrer Würdigung gewinnen. Eine unerschöpf-
liche Fundgrube des Wahren, Guten, Schönen bieten seine
Dichtungen insbesondere den Jüngern der königlichen
Kunst — edlen Genuß, wertvolle Belehrung, ernste Mah-
nung, Erbauung, Bestätigung.

An Goethe den Dichter denkt man wohl zuerst, wenn
sein Name genannt wird. Aber nicht vergessen sei, daß
er ein vollendeter Mensch gewesen, weil in ihm alle Phasen
allgemeiner Menschlichkeit sich in stufenweiser Entwicklung vollzogen haben. Und „ein solcher Mensch im
höchsten Stile, dem die Klarheit des Erdenlebens. eine
nicht zu stillende Sehnsucht nach gleich klarer Erkenntnis
des ewigen Ostens einflößte, der noch in den Armen des
Todes mit brechendem Auge nach „mehr Licht" verlangte
— er ist notwendig auch ein Bruder Freimaurer im
höchsten Stile gewesen."[55] So werden mit Recht auf
ihn selbst die Worte bezogen, die er 1814 bei Eröffnung
des Theaters in Halle durch den Mund der Atropos dem
kurz zuvor verstorbenen J. Chr. Reil gewidmet hat:

Er lebt! lebt ewig in der Welt Gedächtnis,
Das von Geschlecht sich zu Geschlechtern reiht.
Sein Name wirkt, ein heiliges Vermächtnis,
In seinen Jüngern fort und fort erneut:
Und so in edler Nachfolg' und Gedächtnis
Gelangt die Tugend zur Unsterblichkeit.
Zu gleichem Preise sieht sich aufgefodert,
Wem gleicher Trieb im edlen Busen lodert.

2. ZUSTIMMUNG UND ANREGUNG

A. LOGENREDEN

Zu brüderlichem Andenken Wielands
Eine in der Trauerloge gehaltene Rede

(Über die vor der Trauerfeier gepflogenen Verhandlungen zwischen Goethe und Ridel ist auf S. 45 berichtet worden.)

Durchlauchtigster Protektor, sehr ehrwürdiger Meister, verehrungswürdigste Anwesende!

Ob es gleich dem einzelnen unter keiner Bedingung geziemen will, alten ehrwürdigen Gebräuchen sich entgegenzustellen und das, was unsere weisen Vorfahren beliebt und angeordnet, eigenwillig zu verändern, so würde ich doch, stände mir der Zauberstab wirklich zu Gebote, den die Muse unserem abgeschiedenen Freunde geistig anvertraut, ich würde diese ganze düstere Umgebung augenblicklich in eine heitere verwandeln: dieses Finstere müßte sich gleich vor Ihren Augen erhellen, und ein festlich geschmückter Saal mit bunten Teppichen und munteren Kränzen, so froh und klar als das Leben unseres Freundes, sollte vor Ihnen erscheinen. Da möchten die Schöpfungen seiner blühenden Phantasie Ihre Augen, Ihren Geist anziehen, der Olymp mit seinen Göttern, eingeführt durch die Musen, geschmückt durch die Grazien, sollte zum lebendigen Zeugnis dienen, daß derjenige, der in so heiterer Umgebung gelebt und dieser Heiterkeit gemäß auch von uns geschieden, unter die glücklichsten Menschen zu zählen und keineswegs mit Klage, sondern mit Ausdruck der Freude und des Jubels zu bestatten sei.

Was ich jedoch den äußeren Sinnen nicht darstellen kann, sei den inneren dargebracht. Achtzig Jahre — wie viel in wenigen Silben! Wer von uns wagt es, in der Geschwindigkeit zu durchlaufen und sich zu vergegenwärtigen, was so viele Jahre, wohl angewandt, bedeuten? Wer von uns möchte behaupten, daß er den Wert eines in jedem Betracht vollständigen Lebens sogleich zu ermessen und zu schätzen wisse?

Begleiten wir unsern Freund auf dem Stufengange seiner Tage, sehen wir ihn als Knaben, Jüngling, Mann und Greis, so finden wir, daß ihm das ungemeine Glück zuteil ward, die Blüte einer jeden dieser Jahreszeiten zu pflücken; denn auch das hohe Alter hat seine Blüte, und auch dieser auf das heiterste sich zu erfreuen war ihm gegönnt. Nur wenig Monate sind es, als die verbundenen Brüder ihre geheimnisvolle Sphinx für ihn mit Rosen bekränzten,[57]) um auszudrücken, daß wenn Anakreon, der Greis, seine erhöhte Sinnlichkeit mit leichten Rosenzweigen zu schmücken unternahm, die sittliche Sinnlichkeit, die gemäßigte, geistreiche Lebensfreude unseres Edlen einen reichen, gedrängt gewundenen Kranz verdiene.

Wenige Wochen sind es, daß dieser treffliche Freund noch unseren Zusammenkünften nicht nur beiwohnte, sondern auch in ihnen tätig wirkte. Er hat seinen Ausgang aus dem Irdischen durch unseren Kreis hindurch genommen; wir waren ihm auch noch zuletzt die Nächsten, und wenn das Vaterland, sowie das Ausland, sein Andenken feiert, wo sollte dies früher und kräftiger geschehen als bei uns!

Den ehrwürdigen Geboten unserer Meister habe ich mich daher nicht entziehen dürfen, und spreche in dieser angesehenen Versammlung zu seinem Andenken um so lieber einige Worte, als sie flüchtige Vorläufer sein können dessen, was künftig die Welt, was unsere Verbrüderung für ihn tun wird. Diese Gesinnung ist's, diese Absicht, um derentwillen ich mir einiges Gehör erbitten darf; und wenn dasjenige, was ich mehr aus einer fast vierzig Jahre geprüften Neigung, als aus rednerischer Überlegung, keineswegs in gehöriger Verbindung, sondern vielmehr in kurzen Sätzen, ja sprungweise vortrage, weder des Gefeierten, noch der Feiernden würdig erscheinen dürfte, so muß ich bemerken, daß hier nur eine Vorarbeit, ein Entwurf, ja nur der Inhalt und, wenn man will, Marginalien eines künftigen Werkes zu erwarten seien. Und so werde denn, ohne weiteres Zaudern, zu dem uns so lieben, werten, ja heiligen Gegenstand geschritten!

Wieland war in der Nähe von Biberach, einer kleinen Reichsstadt in Schwaben, 1733 geboren. Sein Vater, ein evangelischer Geistlicher, gab ihm eine sorgfältige Erziehung und legte bei ihm den ersten Grund der Schulkenntnisse. Hierauf ward er nach Kloster Bergen an der Elbe gesendet, wo eine Erziehungs- und Lehranstalt, unter der Aufsicht des wahrhaft frommen Abtes Steinmetz, in gutem Rufe stand. Von da begab er sich auf die Universität zu Tübingen; sodann lebte er einige Zeit als Hauslehrer in Bern, ward aber bald nach Zürich zu Bodmern gezogen, den man in Süddeutschland, wie Gleimen nachher in Norddeutschland, die Hebamme des Genies nennen konnte. Dort überließ er sich ganz der Lust, welche das Selbsthervorbringen der Jugend verschafft, wenn das Talent unter freundlicher Anleitung sich ausbildet, ohne daß die höheren Forderungen der Kritik dabei zur Sprache kommen. Doch entwuchs er bald jenen Verhältnissen, kehrte in seine Vaterstadt zurück und ward von nun an sein eigener Lehrer und Bildner, indem er auf das rastloseste seine literarisch poetische Neigung fortsetzte. Die mechanischen Amtsgeschäfte eines Vorstehers der Kanzlei raubten ihm zwar Zeit, aber nicht Lust und Mut, und damit ja sein Geist in so engen Verhältnissen nicht verkümmerte, wurde er dem in der Nähe begüterten Grafen Stadion, kurfürstlich Mainzischem Minister, bekannt. In diesem angesehenen, wohleingerichteten Hause wehte ihn zuerst die Welt- und Hofluft an; innere und äußere Staatsverhältnisse blieben ihm nicht fremd, und ein Gönner für das ganze Leben ward ihm der Graf. Hierdurch blieb er dem Kurfürsten von Mainz nicht unbekannt, und als unter Emmerich Joseph die Akademie zu Erfurt wieder belebt werden sollte, so berief man unsern Freund dahin und betätigte dadurch die duldsamen Gesinnungen, welche sich über alle christlichen Religionsverwandten, ja über die ganze Menschheit, vom Anfange des Jahrhunderts her verbreitet.

Er konnte nicht lange in Erfurt wirken, ohne der Herzogin Regentin von Weimar bekannt zu werden, wo ihn der für alles Gute so tätige Karl von Dalberg einzuführen nicht ermangelte. Ein auslangend bildender Unterricht ihrer fürstlichen Söhne war das Hauptaugenmerk einer zärtlichen, selbst höchst gebildeten Mutter, und so ward er herüberberufen, damit er seine literarischen Talente, seine sittlichen Vorzüge zum Besten des fürstlichen Hauses, zu unserm Wohl und zum Wohl des Ganzen verwendete. Die ihm nach Vollendung des Erziehungsgeschäftes zugesagte Ruhe wurde ihm sogleich gegeben, und als ihm eine mehr als zugesagte Erleichterung seiner häuslichen Umstände zuteil ward, führte er seit beinahe vierzig Jahren ein seiner Natur und seinen Wünschen völlig gemäßes Leben.

Die Wirkungen Wielands auf das Publikum waren ununterbrochen und dauernd. Er hat sein Zeitalter sich zugebildet, dem Geschmack seiner Jahresgenossen sowie ihrem Urteil eine entschiedene Richtung gegeben, dergestalt, daß seine Verdienste schon genugsam erkannt, geschätzt, ja geschildert sind. In manchem Werke über deutsche Literatur ist so ehrenvoll als sinnig über ihn gesprochen; ich gedenke nur dessen, was Küttner, Eschenburg, Manso, Eichhorn von ihm gerühmt haben.

Und woher kam die große Wirkung, welche er auf die Deutschen ausübte? Sie war eine Folge der Tüchtigkeit und der Offenheit seines Wesens. Mensch und Schriftsteller hatten sich in ihm ganz durchdrungen, er dichtete als ein Lebender und lebte dichtend. In Versen und Prosa verhehlte er niemals, was ihm augenblicklich zu Sinne, wie es ihm jedesmal zumute sei, und so schrieb er auch urteilend und urteilte schreibend. Aus der Fruchtbarkeit seines Geistes entquoll die Fruchtbarkeit seiner Feder.

Ich bediene mich des Ausdrucks Feder nicht als einer rednerischen Phrase; er gilt hier ganz eigentümlich, und wenn eine fromme Verehrung manchem Schriftsteller dadurch huldigte, daß sie sich eines Kiels, womit er seine Werke gebildet, zu bemächtigen suchte, so dürfte der Kiel, dessen sich Wieland bediente, gewiß vor vielen dieser Auszeichnung würdig sein. Denn daß er alles mit eigener Hand und sehr schön schrieb, zugleich mit Freiheit und Besonnenheit, daß er das Geschriebene immer vor Augen hatte, sorgfältig prüfte, veränderte, besserte, unverdrossen bildete und umbildete, ja, nicht müde ward, Werke von Umfang wiederholt abzuschreiben, dieses gab seinen Produktionen das Zarte, Zierliche, Faßliche, das Natürlichelegante, welches nicht durch Bemühung, sondern durch heitere, geniale Aufmerksamkeit auf ein schon fertiges Werk hervorgebracht werden kann.

Diese sorgfältige Bearbeitung seiner Schriften entsprang aus einer frohen Überzeugung, welche zu Ende seines schweizerischen Aufenthaltes in ihm mag hervorgetreten sein, als die Ungeduld des Hervorbringens sich in etwas legte, und der Wunsch, ein Vollendetes dem Gemeinwesen darzubringen, entschiedener und deutlicher rege ward.

Da nun bei ihm der Mann und der Dichter eine Person ausmachten, so werden wir, wenn wir von jenem reden, auch diesen zugleich schildern. Reizbarkeit und Beweglichkeit, Begleiterinnen dichterischer und rednerischer Talente, beherrschten ihn in einem hohen Grade; aber eine mehr angebildete als angeborene Mäßigung hielt ihnen das Gleichgewicht. Unser Freund war des Enthusiasmus im höchsten Grade fähig, und in der Jugend gab er sich ihm ganz hin, und dieses um so lebhafter und anhaltender, als jene schöne Zeit, in welcher der Jüngling den Wert und die Würde des Vortrefflichsten, es sei erreichbar oder unerreichbar, in sich fühlt, für ihn sich durch mehrere Jahre verlängerte.

Jene frohen, reinen Gefilde der goldenen Zeit, jene Paradiese der Unschuld, bewohnte er länger als andere. Sein Geburtshaus, wo ein gebildeter Geistlicher als Vater waltete, das uralte, an den Ufern der Elbe lindenumgebene Kloster Bergen, wo ein frommer Lehrer patriarchalisch wirkte, das in seinen Grundformen noch klösterliche Tübingen, jene einfachen Schweizerwohnungen, umrauscht von Bächen, bespült von Seen, umschlossen von Felsen — überall fand er sein Delphi wieder; überall die Haine, in denen er, als ein schon erwachsener gebildeter Jüngling, noch immer schwelgte. Dort zogen ihn die Denkmale mächtig an, die uns von der männlichen Unschuld der Griechen hinterlassen sind. Cyrus, Araspes und Panthea und gleich hohe Gestalten lebten in ihm auf, er fühlte den platonischen Geist in sich wehen, er fühlte, daß er dessen bedurfte, um jene Bilder für sich und für andere wiederherzustellen, und dieses um so eher, als er nicht sowohl dichterische Schattenbilder hervorrufen, sondern vielmehr wirklichen Wesen einen sittlichen Einfluß zu verschaffen hoffte. Aber gerade daß er so lange in diesen höheren Regionen zu verweilen das Glück hatte, daß er alles, was er dachte, fühlte, in sich bildete, träumte, wähnte, lange Zeit für die vollkommenste Wirklichkeit halten durfte, eben dieses verbitterte ihm die Frucht, die er von dem Baum des Erkenntnisses zu pflücken endlich genötigt ward.

Wer kann dem Konflikt mit der Außenwelt entgehen? Auch unser Freund wird in diesen Streit hineingezogen; ungern läßt er sich durch Erfahrung und Leben widersprechen, und da ihm nach langem Sträuben nicht gelingen will, jene herrlichen Gestalten mit denen der gemeinen Welt, jenes hohe Wollen mit den Bedürfnissen des Tages zu vereinigen, entschließt er sich, das Wirkliche für das Notwendige gelten zu lassen, und erklärt das ihm bisher Wahrgeschienene für Phantasterei.

Aber auch hier zeigt sich die Eigentümlichkeit, die Energie seines Geistes bewundernswürdig. Bei aller Lebensfülle, bei so starker Lebenslust, bei herrlichen inneren Anlagen, bei redlichen geistigen Wünschen und Absichten, fühlt er sich von der Welt verletzt und um seine größten Schätze bevorteilt. Nirgends kann er nunmehr in der Erfahrung wiederfinden, was so viele Jahre sein Glück gemacht hatte, ja der innigste Bestand seines Lebens gewesen war; aber er verzehrt sich nicht in eitlen Klagen, deren wir in Prosa und Versen von andern so viele kennen, sondern er entschließt sich zur Gegenwirkung. Er kündigt allem, was sich in der Wirklichkeit nicht immer nachweisen läßt, den Krieg an, zuvörderst also der platonischen Liebe, sodann aller dogmatisierenden Philosophie, besonders den beiden Extremen, der stoischen und pythagoreischen. Unversöhnlich arbeitet er ferner dem religiösen Fanatismus und allem, was dem Verstande exzentrisch erscheint, entgegen.

Aber sogleich überfällt ihn die Sorge, er möge zu weit gehen, er möge selbst phantastisch handeln, und nun beginnt er zugleich einen Kampf gegen die gemeine Wirklichkeit. Er lehnt sich auf gegen alles, was wir unter dem Wort Philisterei zu begreifen gewohnt sind, gegen stockende Pedanterei, kleinstädtisches Wesen, kümmerliche äußere Sitte, beschränkte Kritik, falsche Sprödigkeit, platte Behaglichkeit, anmaßliche Würde, und wie diese Ungeister, deren Name Legion ist, nur alle zu bezeichnen sein mögen. Hierbei verfährt er durchaus genialisch, ohne Vorsatz und Selbstbewußtsein. Er findet sich in der Klemme zwischen dem Denkbaren und dem Wirklichen, und indem er beide zu gewältigen oder zu verbinden Mäßigung anraten muß, so muß er selbst an sich halten, und, indem er gerecht sein will, vielseitig werden.

Die verständige, reine Rechtlichkeit edler Engländer und ihre Wirkung in der sittlichen Welt, eines Addison, eines Steele, hatten ihn schon längst angezogen; nun findet er aber in dieser Genossenschaft einen Mann, dessen Sinnesart ihm weit gemäßer ist. Shaftesbury, den ich nur zu nennen brauche, um jedem Gebildeten einen trefflichen Denker ins Gedächtnis zu rufen — Shaftesbury lebte zu einer Zeit, wo in der Religion seines Vaterlandes manche Bewegung vorging; wo die herrschende Kirche mit Gewalt die Andersgesinnten zu bezähmen dachte. Auch den Staat, die Sitten bedrohte manches, was einen Verständigen, Wohldenkenden in Sorge setzen muß. Gegen alles dieses, glaubte er, sei am besten durch Frohsinn zu wirken; nur das, was man mit Heiterkeit ansehe, werde man recht sehen, war seine Meinung. Wer mit Heiterkeit in seinen eigenen Busen schauen könne, müsse ein guter Mann sein. Darauf komme alles an, und alles übrige Gute entspringe daher. Geist, Witz, Humor seien die echten Organe, womit ein solches Gemüt die Welt anfasse. Alle Gegenstände, selbst die ernstesten, müßten eine solche Klarheit und Freiheit vertragen, wenn sie nicht mit einer nur anmaßlichen Würde prunkten, sondern einen echten, die Probe nicht scheuenden Wert in sich selbst enthielten. Bei diesem geistreichen

Versuch, die Gegenstände zu gewältigen, konnte man nicht umhin, sich nach entscheidenden Behörden umzusehen, und so ward einerseits der Menschenverstand über den Inhalt und der Geschmack über die Art des Vortrages zum Richter gesetzt.

An einem solchen Manne fand nun unser Wieland nicht einen Vorgänger, dem er folgen, nicht einen Genossen, mit dem er arbeiten sollte, sondern einen wahrhaften älteren Zwillingsbruder im Geiste, dem er vollkommen glich, ohne nach ihm gebildet zu sein; wie man denn von Menächmen nicht sagen könnte, welcher das Original und welcher die Kopie sei.

Was jener, in einem höheren Stande geboren, an zeitlichen Mitteln mehr begabt, durch Reisen, Ämter, Weltumsicht mehr begünstigt, in einem weiteren Kreise, zu einer ernsteren Zeit, in dem meerumflossenen England leistete, eben dieses bewirkte unser Freund von einem anfangs sehr beschränkten Punkte aus, durch eine beharrliche Tätigkeit, durch ein stetiges Wirken in seinem, überall von Land und Bergen umgrenzten Vaterlande, und das Resultat davon war, damit wir uns bei unserm gedrängten Vortrage eines kurzen, aber allgemein verständlichen Wortes bedienen, jene Popularphilosophie, wodurch ein praktisch geübter Sinn zum Urteil über den moralischen Wert der Dinge sowie über ihren ästhetischen zum Richter bestellt wird. Diese, in England vorbereitet und auch in Deutschland durch Umstände gefordert, ward also durch dichterische und gelehrte Werke, ja durchs Leben selbst, von unserem Freunde in Gesellschaft von unzähligen Wohlgesinnten verbreitet.

Haben wir jedoch, insofern von Ansicht, Gesinnung, Übersicht die Rede sein kann, Shaftesbury und Wieland vollkommen ähnlich gefunden, so war doch dieser jenem an Talent weit überlegen; denn was der Engländer verständig lehrt und wünscht, das weiß der Deutsche, in Versen und Prosa, dichterisch und rednerisch auszuführen.

Zu dieser Ausführung aber mußte ihm die französische Behandlungsweise am meisten zusagen. Heiterkeit, Witz, Geist, Eleganz ist in Frankreich schon vorhanden: seine blühende Einbildungskraft, welche sich jetzt nur mit leichten und frohen Gegenständen beschäftigen will, wendet sich nach den Feen- und Rittermärchen, welche ihm die größte Freiheit gewähren. Auch hier reicht ihm Frankreich in der Tausend und einen Nacht, in der Roman-bibliothek schon halb verarbeitete, zugerichtete Stoffe, in-dessen die alten Schätze dieses Fachs, welche Deutsch-land besitzt, noch roh und ungenießbar dalagen.

Gerade diese Gedichte sind es, welche Wielands Ruhm am meisten verbreiteten und bestätigten. Ihre Munterkeit fand bei jedermann Eingang, und selbst die ernstesten Deutschen ließen sie sich gefallen: denn alle diese Werke traten wirklich zur rechten und günstigen Zeit hervor. Sie waren alle in dem Sinne geschrieben, den wir oben ent-wickelt haben. Oft unternahm der glückliche Dichter das Kunststück, ganz gleichgültigen Stoffen durch die Be-arbeitung einen hohen Wert zu geben; und wenn es nicht zu leugnen ist, daß er bald den Verstand über die höheren Kräfte, bald die Sinnlichkeit über die sittlichen trium-phieren läßt, so muß man doch auch gestehen, daß am rechten Ort alles, was schöne Seelen nur zieren mag, die Oberhand behalte.

Früher, wo nicht als alle, doch als die meisten dieser Arbeiten, war die Übersetzung Shakespeares. Wieland fürchtete nicht, durch Studien seiner Originalität Eintrag zu tun, ja schon früh war er überzeugt, daß, wie durch Bearbeitung schon bekannter Stoffe, so auch durch Über-setzung vorhandener Werke, ein lebhafter reicher Geist die beste Erquickung fände. Shakespeare zu übersetzen, war in jenen Tagen ein kühner Gedanke, weil selbst gebildete Literatoren die Möglichkeit leugneten, daß ein solches Unternehmen gelingen könne. Wieland übersetzte mit Freiheit, erhaschte den Sinn seines Autors, ließ beiseite, was ihm nicht übertragbar schien, und so gab er seiner Nation einen allgemeinen Begriff von den herrlichsten Werken einer anderen, seinem Zeitalter die Einsicht in die hohe Bildung vergangener Jahrhunderte. Diese Übersetzung, so eine große Wirkung sie in Deutschland hervorbrachte, schien auf Wieland selbst wenig Einfluß gehabt zu haben. Er stand mit seinem Autor allzusehr in Widerstreit, wie man genugsam erkennt aus den übergangenen und ausgelassenen Stellen, mehr noch aus den hinzugefügten Noten, aus welchen die französische Sinnesart hervorblickt.

Andrerseits aber sind ihm die Griechen, in ihrer Mäßigung und Reinheit, höchst schätzbare Muster. Er fühlt sich mit ihnen durch Geschmack verbunden; Religion, Sitten, Verfassung, alles gibt ihm Anlaß, seine Vielseitigkeit zu üben, und da weder die Götter noch die Philosophen, weder das Volk noch die Völker, so wenig als die Staats- und Kriegsleute sich untereinander vertragen, so findet er überall die erwünschteste Gelegenheit, indem er zu zweifeln und zu scherzen scheint, seine billige, duldsame, menschliche Lehre wiederholt einzuschärfen.

Zugleich gefällt er sich, problematische Charaktere darzustellen, und es macht ihm z. B. Vergnügen, ohne Rücksicht auf weibliche Keuschheit, das Liebenswürdige einer Musarion, Laïs und Phryne hervorzuheben, und ihre Lebensweisheit über die Schulweisheit der Philosophen zu erhöhen.

Aber auch unter diesen findet er einen Mann, den er als Repräsentanten seiner Gesinnungen ausbilden und darstellen kann, ich meine Aristippen. Hier sind Phi-

losophie und Weltgenuß durch eine kluge Begrenzung so
heiter und wünschenswert verbunden, daß man sich als
Mitlebender in einem so schönen Lande, in so guter Gesellschaft zu finden wünscht. Man tritt so gern mit diesen
unterrichteten, wohldenkenden, gebildeten, frohen Menschen in Verbindung, ja man glaubt, solange man in
Gedanken unter ihnen wandelt, auch wie sie gesinnt zu
sein, wie sie zu denken. In diesen Bezirken erhielt sich
unser Freund durch sorgfältige Vorübungen, welche dem
Übersetzer noch mehr als dem Dichter notwendig sind;
und so entstand der deutsche Lucian, der uns den griechischen um desto lebhafter darstellen mußte, als Verfasser
und Übersetzer für wahrhafte Geistesverwandte gelten
können.

Ein Mann von solchen Talenten aber, predige er
auch noch so sehr das Gebührende, wird sich doch manchmal versucht fühlen, die Linie des Anständigen und Schick-
lichen zu überschreiten, da von jeher das Genie solche
Wagstücke unter seine Gerechtsame gezählt hat. Diesen
Trieb befriedigte Wieland, indem er sich dem kühnen,
außerordentlichen Aristophanes anzugleichen suchte, und
die ebenso verwegenen als geistreichen Scherze durch
eigene angeborene Grazie gemildert überzutragen wußte.

Freilich war zu allen diesen Darstellungen auch eine
Einsicht in 'die höhere bildende Kunst nötig, und da
unserm Freund niemals das Anschauen jener überbliebenen
alten Meisterwerke gegönnt ward, so suchte er durch den
Gedanken sich zu ihnen zu erheben, sie durch die Einbildungskraft zu vergegenwärtigen, dergestalt, daß man
bewundern muß, wie der vorzügliche Geist sich auch von
dem Entfernten einen Begriff zu machen weiß; ja es würde
ihm vollkommen gelungen sein, hätte ihn nicht eben
seine lobenswerte Behutsamkeit abgehalten, entschiedene
Schritte zu tun: denn die Kunst überhaupt, besonders aber

die der Alten, läßt sich ohne Enthusiasmus weder fassen noch begreifen. Wer nicht mit Erstaunen und Bewunderung anfangen will, der findet nicht den Zugang in das innere Heiligtum. Unser Freund aber war viel zu bedächtig, und wie hätte er auch in diesem einzigen Falle eine Ausnahme von seiner allgemeinen Lebensregel machen sollen?

War er jedoch mit den Griechen durch Geschmack nahe verwandt, so war er es mit den Römern noch mehr durch Gesinnung. Nicht daß er sich durch republikanischen oder patriotischen Eifer hätte hinreißen lassen, sondern er findet, wie er sich den Griechen gewissermaßen nur andichtete, unter den Dichtern wirklich seinesgleichen. Horaz hat viel Ähnliches von ihm; selbst kunstreich, selbst Hof- und Weltmann ist er ein verständiger Beurteiler des Lebens und der Kunst; Cicero Philosoph, Redner, Staatsmann, tätiger Bürger, und beide aus unscheinbaren Anfängen zu großen Würden und Ehren gelangt.

Wie gern mag sich unser Freund, indem er sich mit den Werken dieser beiden Männer beschäftigt, in ihr Jahrhundert, in ihre Umgebungen, zu ihren Zeitgenossen versetzen, um uns ein anschauliches Bild jener Vergangenheit zu übertragen, und es gelingt ihm zum Erstaunen. Vielleicht könnte man im ganzen mehr Wohlwollen gegen die Menschen verlangen, mit denen er sich beschäftigt; aber er fürchtet sich so sehr vor der Parteilichkeit, daß er lieber gegen sie als für sie Partei nehmen mag.

Es gibt zwei Übersetzungsmaximen: die eine verlangt, daß der Autor einer fremden Nation zu uns herübergebracht werde, dergestalt, daß wir ihn als den Unsrigen ansehen können; die andere hingegen macht an uns die Forderung, daß wir uns zu dem Fremden hinüberbegeben und uns in seine Zustände, seine Sprachweise, seine Eigenheiten finden sollen. Die Vorzüge von beiden sind durch musterhafte Beispiele allen gebildeten Menschen genugsam bekannt. Unser Freund, der auch hier den Mittelweg suchte, war beide zu verbinden bemüht; doch zog er als Mann von Gefühl und Geschmack in zweifelhaften Fällen die erste Maxime vor.

Niemand hat vielleicht so innig empfunden, welch verwickeltes Geschäft eine Übersetzung sei, als er. Wie tief war er überzeugt, daß nicht das Wort, sondern der Sinn belebe. Man betrachte, wie er in seinen Einleitungen uns erst in die Zeit zu versetzen und mit den Personen vertraut zu machen bemüht ist, wie er alsdann seinen Autor auf eine uns schon bekannte, unserem Sinn und Ohr verwandte Weise sprechen läßt, und zuletzt noch manche Einzelheit, welche dunkel bleiben, Zweifel erregen, anstößig werden könnte, in Noten auszulegen und zu beseitigen sucht. Durch diese dreifache Bemühung, sieht man recht wohl, hat er sich erst seines Gegenstandes bemächtigt, und so gibt er sich denn auch die redlichste Mühe, uns in den Fall zu setzen, daß seine Einsicht uns mitgeteilt werde, auf daß wir auch den Genuß mit ihm teilen.

Ob er nun gleich mehrerer Sprachen mächtig war, so hielt er sich doch fest an die beiden, in denen uns der Wert und die Würde der Vorwelt am reinsten überliefert ist. Denn so wenig wir leugnen wollen, daß aus den Fundgruben anderer alten Literaturen mancher Schatz gefördert worden und noch zu fördern ist, so wenig wird man uns widersprechen, wenn wir behaupten, die Sprache der Griechen und Römer habe uns bis auf den heutigen Tag köstliche Gaben überliefert, die an Gehalt dem übrigen Besten gleich, der Form nach allem andern vorzuziehen sind.

Die deutsche Reichsverfassung, welche so viele kleine Staaten in sich begriff, ähnlichte darin der griechischen.

Die geringste, unscheinbare, ja unsichtbare Stadt, weil sie ein eigenes Interesse hatte, mußte solches in sich hegen, erhalten und gegen die Nachbarn verteidigen. Daher war ihre Jugend frühzeitig aufgeweckt und aufgefordert, über Staatsverhältnisse nachzudenken. Und so war auch Wieland, als Kanzleiverweser einer der kleinsten Reichsstädte, in dem Fall, Patriot und im besseren Sinne Demagog zu sein, wie er denn einmal über einen solchen Gegenstand die zeitige Ungnade des benachbarten Grafen Stadion, seines Gönners, lieber auf sich zu ziehen als unpatriotisch nachzugeben die Entschließung faßte.

Schon sein Agathon belehrt uns, daß er auch in diesem Fach geregelten Gesinnungen den Vorzug gab; indes gewann er doch Gegenständen so viel Anteil ab, daß alle seine Beschäftigungen und Neigungen in der Folge ihn nicht hinderten, über dieselben zu denken. Besonders fühlte er sich aufs neue dazu aufgefordert, als er sich einen bedeutenden Einfluß auf die Bildung hoffnungsvoller Fürsten versprechen durfte.

Aus allen den Werken, die er in dieser Art geliefert, tritt ein weltbürgerlicher Sinn hervor, und da sie in einer Zeit geschrieben sind, wo die Macht der Alleinherrschaft noch nicht erschüttert war, so ist sein Hauptgeschäft, den Machthabern ihre Pflichten dringend vorzustellen und sie auf das Glück hinzuweisen, das sie in dem Glück der Ihrigen finden sollten. Nun aber trat die Epoche ein, in der eine aufgeregte Nation alles bisher Bestandene niederriß und die Geister aller Erdbewohner zu einer allgemeinen Gesetzgebung zu berufen schien. Auch hierüber erklärt er sich mit umsichtiger Bescheidenheit und sucht durch verständige Vorstellungen, die er unter mancherlei Formen verkleidet, irgend ein Gleichgewicht in der bewegten Menge hervorzubringen. Da aber der Tumult der Anarchie immer

132

heftiger wird, und eine freiwillige Vereinigung der Masse undenkbar erscheint, so ist er der erste, der die Einherrschaft wieder anrät und den Mann bezeichnet, der das Wunder der Wiederherstellung vollbringen werde.

Bedenkt man nun hierbei, daß unser Freund über diese Gegenstände nicht etwa hinterdrein, sondern gleichzeitig geschrieben, und als Herausgeber eines vielgelesenen Journals Gelegenheit hatte, ja genötigt war, sich monatlich aus dem Stegreife vernehmen zu lassen, so wird derjenige, der seinem Lebensgange chronologisch zu folgen berufen ist, nicht ohne Bewunderung gewahr werden, mit welcher Aufmerksamkeit er den raschen Begebenheiten des Tages folgte, und mit welcher Klugheit er sich als ein Deutscher und als ein denkender teilnehmender Mann durchaus benommen hat. Und hier ist es der Ort, der für Deutschland so wichtigen Zeitschrift, des Teutschen Merkurs, zu gedenken. Dieses Unternehmen war nicht das erste in seiner Art, aber doch zu jener Zeit neu und bedeutend. Ihm verschaffte sogleich der Name des Herausgebers ein großes Zutrauen: denn daß ein Mann, der selbst dichtete, auch die Gedichte anderer in die Welt einzuführen versprach, daß ein Schriftsteller, dem man so herrliche Werke verdankte, selbst urteilen, seine Meinung öffentlich bekennen wollte, dies erregte die größten Hoffnungen. Auch versammelten sich wertvolle Männer bald um ihn her, und dieser Verein vorzüglicher Literatoren wirkte so viel, daß man durch mehrere Jahre hin sich des Merkurs als Leitfadens in unserer Literargeschichte bedienen kann. Auf das Publikum überhaupt war die Wirkung groß und bedeutend; denn wenn auf der einen Seite das Lesen und Urteilen über eine größere Masse sich verbreitete, so ward auch die Lust, sich augenblicklich mitzuteilen, bei einem jeden rege, der irgend etwas zu geben hatte. Mehr als er erwartete und verlangte, floß dem Herausgeber zu; sein Glück weckte Nachahmer; ähnliche Zeitschriften entstanden, die erst monatlich, dann wochen- und tageweise sich ins Publikum drängten und endlich jene babylonische Verwirrung hervorbrachten, von der wir Zeuge waren und sind, und die eigentlich daher entspringt, daß jedermann reden und niemand hören will.

Was den Wert und die Würde des Teutschen Merkurs viele Jahre hindurch erhielt, war die dem Herausgeber desselben angeborene Liberalität. Wieland war nicht zum Parteihaupt geschaffen; wer die Mäßigung als Hauptmaxime anerkennt, darf sich keiner Einseitigkeit schuldig machen. Was seinen regen Geist aufreizte, suchte er durch Menschenverstand und Geschmack bei sich selbst ins Gleiche zu bringen, und so behandelte er auch seine Mitarbeiter, für die er sich keineswegs enthusiasmierte; und wie er die von ihm so hoch geachteten alten Autoren, indem er sie mit Sorgfalt übersetzte, doch öfters in den Noten zu bekriegen pflegte, so machte er auch oft geschätzte, ja geliebte Mitarbeiter durch mißbilligende Noten verdrießlich, ja sogar abwendig.

Schon früher hatte unser Freund wegen größerer und kleinerer Schriften gar manche Anfeindung leiden müssen; um so weniger konnte es ihm als Herausgeber einer Zeitschrift an literarischen Fehden ermangeln. Aber auch hier beweist er sich als immer derselbe. Ein solcher Federkrieg darf ihm niemals lange dauern, und wie sich's einigermaßen in die Länge ziehen will, so läßt er dem Gegner das letzte Wort und geht seines gewohnten Pfades.

Ausländer haben scharfsinnig bemerkt, daß deutsche Schriftsteller weniger als die Autoren anderer Nationen auf das Publikum Rücksicht nehmen, und daß man daher in ihren Schriften den Menschen, der sich selbst ausbildet, den Menschen, der sich selbst etwas zu Danke

machen will, und folglich den Charakter desselben, gar
bald abnehmen könne. Diese Eigenschaft haben wir schon
oben Wieland besonders zugeschrieben, und es wird um
so interessanter sein, seine Schriften wie sein Leben in
diesem Sinne zu reihen und zu verfolgen, als man früher
und später den Charakter unseres Freundes aus eben
diesen Schriften verdächtig zu machen suchte. Gar viele
Menschen sind noch jetzt an ihm irre, weil sie sich vor-
stellen, der Vielseitige müsse gleichgültig und der Be-
wegliche wankelmütig sein. Man bedenkt nicht, daß der
Charakter sich nur durchaus aufs Praktische beziehe. Nur
in dem, was der Mensch tut, zu tun fortfährt, worauf er
beharrt, darin zeigt er Charakter, und in diesem Sinne
hat es keinen festeren, sich selbst immer gleicheren Mann
gegeben als Wieland. Wenn er sich der Mannigfaltigkeit
seiner Empfindungen, der Beweglichkeit seiner Gedanken
überließ, keinem einzelnen Eindruck Herrschaft über sich
erlauben wollte, so zeigte er eben dadurch die Festigkeit
und Sicherheit seines Sinnes. Der geistreiche Mann spielte
gern mit seinen Meinungen, aber — ich kann alle Mitlebenden als Zeugen auffordern — niemals mit seinen Gesinnungen. Und so erwarb er sich viele Freunde und
erhielt sie. Daß er irgend einen entschiedenen Feind
gehabt, ist mir nicht bekannt geworden. Im Genuß seiner
dichterischen Arbeiten lebte er viele Jahre in städtischer,
bürgerlicher, freundlich-geselliger Umgebung und erreichte die Auszeichnung eines vollständigen Abdrucks
seiner sorgfältig durchgesehenen Werke, ja einer Prachtausgabe derselben.

Aber er sollte noch im Herbst seiner Jahre den Einfluß des Zeitgeistes empfinden und auf eine nicht vor-
zusehende Weise ein neues Leben, eine neue Jugend beginnen. Der Segen des holden Friedens hatte lange Zeit
über Deutschland gewaltet, äußere allgemeine Sicherheit

und Ruhe traf mit den inneren, menschlichen, weltbürgerlichen Gesinnungen gar schön zusammen. Der friedliche Städter schien seiner Mauern nicht mehr zu bedürfen, man entzog sich ihnen, man sehnte sich aufs Land. Die Sicherheit des Grundbesitzers gab jedermann Vertrauen, das freie Naturleben zog jedermann an; und wie der gesellig geborene Mensch sich öfters den süßen Trug vorbilden kann, als lebe er besser, bequemer, froher in der Abgesondertheit, so schien auch Wieland, dem bereits die höchste literarische Muße gegönnt war, sich nach einem noch musenhaft ruhigeren Aufenthalt umzusehen; und als er gerade in der Nähe von Weimar sich ein Landgut zuzueignen Gelegenheit und Kräfte fand, faßte er den Entschluß, daselbst den Rest seines Lebens zuzubringen. Und hier mögen die, welche ihn öfters besucht, welche mit ihm gelebt, umständlich erzählen, wie er gerade hier in seiner ganzen Liebenswürdigkeit erschien, als Haus und Familienvater, als Freund und Gatte, besonders aber, weil er sich den Menschen wohl entziehen, die Menschen ihn aber nicht entbehren konnten, wie er als gastfreier Wirt seine geselligen Tugenden am anmutigsten entwickelte.

Indes ich nun jüngere Freunde zu dieser idyllischen Darstellung auffordere, so muß ich nur kurz und teilnehmend gedenken, wie diese ländliche Heiterkeit durch das Hinscheiden einer teuern mitwohnenden Freundin und dann durch den Tod seiner werten, sorgsamen Lebensgefährtin getrübt worden. Er legt diese teueren Reste auf eigenem Grund und Boden nieder, und indem er sich entschließt, die für ihn allzusehr verflochtene landwirtschaftliche Besorgung aufzugeben, und sich des einige Jahre froh genossenen Grundbesitzes zu entäußern, so behält er sich doch den Platz, den Raum zwischen beiden Geliebten vor, um dort auch seine ruhige Stätte zu finden.

Und dorthin haben denn die verehrten Brüder ihn begleitet, ja gebracht, und dadurch seinen schönen und anmutigen Willen erfüllt, daß die Nachkommen seinen Grabhügel in einem lebendigen Haine besuchen und heiter verehren sollten.

Nicht ohne höhere Veranlassung aber kehrte der Freund nach der Stadt zurück; denn das Verhältnis zu seiner großen Gönnerin, der Herzogin Mutter, hatte ihm jenen ländlichen Aufenthalt mehr als einmal verdüstert. Er fühlte nur zu sehr, was es ihm koste, von ihr entfernt zu sein. Er konnte ihren Umgang nicht entbehren, und desselben doch nur mit Unbequemlichkeit und Unstatten genießen. Und so, nachdem er seine Familie bald erweitert, bald verengt, bald vermehrt, bald vermindert, bald versammelt, bald zerstreut gesehen, zieht die erhabene Fürstin ihn in ihren nächsten Kreis. Er kehrt zurück, bezieht eine Wohnung ganz nahe der fürstlichen, nimmt teil an dem Sommeraufenthalt in Tiefurt, und betrachtet sich nun als Glied des Hauses und Hofes.

Wieland war ganz eigentlich für die größere Gesellschaft geboren, ja die größte würde sein eigentliches Element gewesen sein; denn weil er nirgends obenan stehen, wohl aber gern an allem teilnehmen wollte, und über alles mit Mäßigung sich zu äußern geneigt war, so mußte er notwendig als angenehmer Gesellschafter erscheinen, ja er wäre es unter einer leichteren, nicht jede Unterhaltung allzu ernst nehmenden Nation noch mehr gewesen. Denn sein dichterisches sowie sein literarisches Streben war unmittelbar aufs Leben gerichtet, und wenn er auch nicht gerade immer einen praktischen Zweck suchte, ein praktisches Ziel hatte er doch immer nah oder fern vor Augen. Daher waren seine Gedanken beständig klar, sein Ausdruck deutlich, gemeinfaßlich, und da er, bei ausgebreiteten Kenntnissen, stets an dem Interesse des Tages festhielt, demselben folgte, sich geistreich damit beschäftigte, so war auch seine Unterhaltung durchaus mannigfaltig und belebend; wie ich denn auch nicht leicht jemand gekannt habe, welcher das, was von anderen Glückliches in die Mitte gebracht wurde, mit mehr Freudigkeit aufgenommen und mit mehr Lebendigkeit erwidert hätte.

Bei dieser Art zu denken, sich und andere zu unterhalten, bei der redlichen Absicht, auf sein Zeitalter zu wirken, verargt man ihm nun wohl nicht, daß er gegen die neueren philosophischen Schulen einen Widerwillen faßte. Wenn früher Kant in kleinen Schriften nur von seinen größeren Ansichten präludierte, und in heiteren Formen selbst über die wichtigsten Gegenstände sich problematisch zu äußern schien, da stand er unserm Freunde noch nahe genug; als aber das ungeheure Lehrgebäude errichtet war, so mußten alle die, welche sich bisher in freiem Leben, dichtend sowie philosophierend ergangen hatten, sie mußten eine Drohburg, eine Zwingfeste daran erblicken, von woher ihre heiteren Streifzüge über das Feld der Erfahrung beschränkt werden sollten.

Aber nicht allein für den Philosophen, auch für den Dichter war bei der neuen Geistesrichtung, sobald eine große Masse sich von ihr hinziehen ließ, viel, ja alles zu befürchten. Denn ob es gleich im Anfang scheinen wollte, als wäre die Absicht überhaupt nur auf Wissenschaft, sodann auf Sittenlehre und was hiervon zunächst abhängig ist, gerichtet, so war doch leicht einzusehen, daß wenn man jene wichtigen Angelegenheiten des höheren Wissens und des sittlichen Handelns, fester als bisher geschehen, zu begründen dachte, wenn man dort ein strengeres, in sich mehr zusammenhängendes, aus den Tiefen der Menschheit entwickeltes Urteil verlangte, daß man, sage ich, den Geschmack auch bald auf solche Grundsätze hinweisen und deshalb suchen würde, individuelles Gefallen, zufällige Bildung, Volkseigenheiten durchaus zu beseitigen, und ein allgemeineres Gesetz zur Entscheidungsnorm hervorzurufen.

Dies geschah auch wirklich, und in der Poesie tat sich eine neue Epoche hervor, welche mit unserem Freunde, so wie er mit ihr in Widerspruch stehen mußte. Von dieser Zeit an erlebte er manches unbillige Urteil, ohne jedoch sehr davon gerührt zu werden; und ich erwähne dieses Umstandes hier ausdrücklich, weil der daraus in der deutschen Literatur entstandene Konflikt noch keineswegs beruhigt und ausgeglichen ist, und weil ein Wohlwollender, wenn er Wielands Verdienst schätzen und sein Andenken kräftig aufrecht erhalten will, von der Lage der Dinge, von dem Herankommen sowie der Folge der Meinungen, von dem Charakter, den Talenten der mitwirkenden Personen genau unterrichtet sein müßte, die Kräfte, die Verdienste beider Teile wohl kennen und, um unparteiisch zu wirken, beiden Parteien gewissermaßen angehören.

Doch von jenen hieraus entsprungenen, kleineren oder größeren Fehden zieht mich eine ernste Betrachtung ab, der wir uns nunmehr zu überlassen haben.

Die zwischen unsern Bergen und Hügeln, in unseren anmutig bewässerten Tälern viele Jahre glücklich angesiedelte Ruhe war schon längst durch Kriegszüge wo nicht verscheucht, doch bedroht. Als der folgenreiche Tag anbrach, der uns in Erstaunen und Schrecken setzte, da das Schicksal der Welt in unseren Spaziergängen entschieden ward, auch in diesen schrecklichen Stunden, denen unser Freund sorglos entgegenlebte, verließ ihn das Glück nicht; denn er ward, erst durch die Vorsorge eines jungen entschlossenen Freundes, dann durch die Aufmerksamkeit der französischen Gewalthaber gerettet, die in ihm den verdienten weltberühmten Schriftsteller und zugleich ein Mitglied ihres großen wissenschaftlichen Instituts verehrten.

Er hatte bald hierauf mit uns allen den schmerzlichen Verlust Amaliens zu ertragen. Hof und Stadt waren eifrig bemüht, ihm jeden Ersatz zu reichen, und bald darauf ward er von zwei Kaisern mit Ehrenzeichen begnadet, dergleichen er in seinem langen Leben nicht gesucht, ja nicht einmal erwartet hatte.

Aber so wie am trüben, so auch am heiteren Tage war er sich selbst gleich, und er betätigt hierdurch den Vorzug zartgebildeter Naturen, deren mittlere Empfänglichkeit dem guten wie dem bösen Geschick mäßig zu begegnen versteht.

Am bewunderungswürdigsten jedoch erschien er, körperlich und geistig betrachtet, nach dem harten Unfall, der ihn in so hohen Jahren betraf, als er durch den Sturz des Wagens zugleich mit einer geliebten Tochter höchlich verletzt ward. Die schmerzlichen Folgen des Falles, die Langeweile der Genesung ertrug er mit dem größten Gleichmut, und tröstete mehr seine Freunde als sich selbst durch die Äußerung: es sei ihm niemals ein dergleichen Unglück begegnet, und es möge den Göttern wohl billig geschienen haben, daß er auch auf diese Weise die Schuld der Menschheit abtrage. Nun genas er auch bald, indem sich seine Natur wie die eines Jünglings schnell wiederherstellte, und ward uns dadurch zum Zeugnis, wie der Zartheit und Reinheit auch eine hohe physische Kraft verliehen sei.

Wie sich nun seine Lebensphilosophie auch bei dieser Prüfung bewährte, so brachte ein solcher Unfall keine Veränderung in der Gesinnung noch in seiner Lebensweise hervor. Nach seiner Genesung gesellig wie vorher, nahm er teil an den herkömmlichen Unterhaltungen des um-

140

gänglichen Hof- und Stadtlebens, mit wahrer Neigung und anhaltendem Bemühen an den Arbeiten der verbundenen Brüder. So sehr auch jederzeit sein Blick auf das Irdische, auf die Erkenntnis, die Benutzung desselben gerichtet schien — des Außerweltlichen, des Übersinnlichen konnte er doch, als ein vorzüglich begabter Mann, keineswegs entbehren. Auch hier trat jener Konflikt, den wir oben umständlich zu schildern für Pflicht gehalten, merkwürdig hervor; denn indem er alles abzulehnen schien, was außer den Grenzen der allgemeinen Erkenntnisse liegt, außer dem Kreise dessen, was sich durch Erfahrung betätigen läßt, so konnte er sich doch niemals enthalten, gleichsam versuchsweise, über die so scharf gezogenen Linien wo nicht hinauszuschreiten, doch hinüberzublicken und sich eine außerweltliche Welt, einen Zustand, von dem uns alle angeborenen Seelenkräfte keine Kenntnis geben können, nach seiner Weise aufzuerbauen und darzustellen.

Einzelne Züge seiner Schriften geben hierzu mannigfaltige Belege; besonders aber darf ich mich auf seinen Agathodämon, auf seine Euthanasie berufen, ja auf jene schönen, so verständigen als herzlichen Äußerungen, die er noch vor kurzem offen und unbewunden dieser Versammlung mitteilen mögen.[58]) Denn zu unserem Brüderverein hatte sich in ihm eine vertrauensvolle Neigung aufgetan. Schon als Jüngling mit demjenigen bekannt, was uns von den Mysterien der Alten historisch überliefert worden, floh er zwar nach seiner heiteren klaren Sinnesart jene trüben Geheimnisse, aber verleugnete sich nicht, daß gerade unter diesen, vielleicht seltsamen Hüllen zuerst unter die rohen und sinnlichen Menschen höhere Begriffe eingeführt, durch ahnungsvolle Symbole mächtige, leuchtende Ideen erweckt, der Glaube an einen über alles waltenden Gott eingeleitet, die Tugend wünschenswerter dargestellt, und die Hoffnung auf die Fortdauer unseres Daseins sowohl von frischen Schrecknissen eines trüben Aberglaubens, als von den ebenso falschen Forderungen einer lebenslustigen Sinnlichkeit gereinigt worden.

Nun als Greis von so vielen werten Freunden und Zeitgenossen auf der Erde zurückgelassen, sich in manchem Sinne einsam fühlend, näherte er sich unserem teuren Bunde. Wie froh er in denselben getreten, wie anhaltend er unsere Versammlungen besucht, unseren Angelegenheiten seine Aufmerksamkeit gegönnt, sich der Aufnahme vorzüglicher junger Männer erfreut, unsern ehrbaren Gastmahlen beigewohnt und sich nicht enthalten, über manche wichtige Angelegenheit seine Gedanken zu eröffnen, davon sind wir alle Zeugen, wir haben es freundlich und dankbar anerkannt. Ja wenn dieser altgegründete und nach manchem Zeitwechsel oft wiederhergestellte Bund eines Zeugnisses bedürfte, so würde hier das vollkommenste bereit sein, indem ein talentreicher Mann, verständig, vorsichtig, umsichtig, erfahren, wohldenkend und mäßig, bei uns seinesgleichen zu finden glaubte, sich bei uns in einer Gesellschaft fühlte, die er, der besten gewohnt, als Vollendung seiner menschlichen und geselligen Wünsche so gern anerkannte.

Vor dieser so merkwürdigen und hochgeschätzten Versammlung, obgleich von unseren Meistern aufgefordert, über den Abgeschiedenen wenige Worte zu sprechen, würde ich wohl haben ablehnen dürfen, in der Betrachtung, daß nicht eine flüchtige Stunde, leichte, unzusammenhängende Blätter, sondern ganze Jahre, ja manche wohl überdachte und geordnete Bände nötig sind, um sein Andenken rühmlich zu feiern, neben dem Monumente, das er sich selbst in seinen Werken und Wirkungen würdig errichtet hat. Auch übernahm ich diese schöne Pflicht nur in der Betrachtung: es könne das von mir Vorgetragene dem zur Einleitung dienen, was künftig, bei wiederholter Feier seines Andenkens, von andern besser zu leisten wäre. Wird es unseren verehrten Meistern gefallen, mit diesem Aufsatz in ihre Lade alles dasjenige niederzulegen, was öffentlich über unseren Freund erscheinen wird, noch mehr aber dasjenige, was unsere Brüder, auf die er am meisten und am eigensten gewirkt, welche eines ununterbrochenen näheren Umgangs mit ihm genossen, vertraulich äußern und mitteilen möchten, so würde hierdurch ein Schatz von Tatsachen, Nachrichten und Urteilen gesammelt, welcher wohl einzig in seiner Art sein dürfte, und woraus denn unsere Nachkommen schöpfen könnten, um mit standhafter Neigung ein so würdiges Andenken immerfort zu beschützen, zu erhalten und zu verklären.

Ridels und der früher heimgegangenen Brüder Kästner, Krumbholz, Slevoigt und Jagemann Totenfeier in der Loge Amalia, am 15. Juni 1821

(Die darein aufgenommenen Lebensskizzen der genannten Brüder[59]) sind hier weggelassen, da sie nicht von Goethe herrühren. Vgl. oben S. 54.)

Die Betrachtung, die sich uns nur zu sehr aufdrängt: daß der Tod alles gleich mache, ist ernst, aber traurig und ohne Seufzer kaum auszusprechen; herzerhebend, erfreulich aber ist es, an einen Bund zu denken, der die Lebenden gleich macht, und zwar in dem Sinne, daß er sie zu vereintem Wirken aufruft, deshalb jeden zuerst auf sich selbst zurückweist und sodann auf das Ganze hinleitet.

Betrachten wir also die von uns abgeschiedenen Brüder, als wenn sie noch unter uns wären! Auch sind sie noch unter uns, denn wir haben wechselseitig auf-

einander gewirkt und, indem daraus grenzenlose Folgen
sich entwickeln, deutet es auf ein ewiges Zusammensein.

Unser Bund hat viel Eigenes, wovon gegenwärtig
nur das eine herausgehoben werden mag, daß, sobald wir
uns versammeln, die entschiedenste Art von Gleichheit
entsteht: denn nicht nur alle Vorzüge von Rang, Stand
und Alter, Vermögen, Talenten treten zurück und verlieren sich in der Einheit, sondern auch die Individualität
muß zurücktreten. Jeder sieht sich an der ihm angewiesenen Stelle gehalten. Dienender Bruder, Lehrling,
Geselle, Meister, Beamte, alles fügt sich dem zugeteilten
Platz und erwartet mit Aufopferung die Winke des Meisters
vom Stuhl; man hört keinen Titel, die notwendigen Unter-
scheidungszeichen der Menschen im gemeinen Leben sind
verschollen. Aber auch nichts wird berührt, was dem
Menschen sonst am nächsten liegt, wovon er am liebsten
hört und spricht; man vernimmt nichts von seinem Herkommen, nicht, ob er ledig oder verheiratet, vater- oder
kinderlos, zu Hause glücklich oder unglücklich sei; von
allem diesem wird nichts erwähnt, sondern jeder bescheidet
sich, in würdiger Gesellschaft, in Betracht höherer, allgemeiner Zwecke, auf alles Besondere Verzicht zu tun.

Höchst bedeutend ist daher die Anstalt einer Trauerloge: hier ist es, wo die Individualität zum ersten Male
hervortreten darf, hier lernen wir erst einander als Einzelne
kennen; hier ist es, wo das bedeutende wie das unbedeutende Leben in seinen Eigenheiten erscheint, wo
wir uns in dem Vergangenen bespiegeln, um auf unseren
gegenwärtigen, lebendigen Wandel aufmerksam zu werden.

Wenige allgemeine Betrachtungen über die uns dar-
gestellten Lebensereignisse von vier Brüdern, deren jeder
in seiner Art unserem Bunde Ehre macht, wird man wohl
hier erwarten dürfen. Der erste, in Armut und Niedrigkeit
geboren, höhere Eigenschaften in sich fühlend, mit ent-

schiedenem Willen die Ausbildung derselben erstrebend, einen mäßigen Zustand erreichend und in demselben selbständig, sich selbst beherrschend, seinen Vorsätzen, seiner Pflicht getreu, ein ruhiges Leben in Mittelmäßigkeit führend, gibt uns das schönste Beispiel eines aus sich selbst entwickelten, im engen Kreise tätigen, der Gesellschaft nützlichen, und kaum bemerkt vorübergehenden Mannes. Gerade dies sind Eigenschaften und Schicksale, die sich in der bürgerlichen Welt sehr oft wiederholen und überall, wo sie erscheinen, ein segenvolles Beispiel hinterlassen.

Der zweite, in einen leidlichen Zustand eintretend, fühlt schon in den Knabenjahren, daß es schwer sei, für sich selbst zu bestehen, daß vielmehr derjenige wohltut, der sich bald entschließt, zu eigener Erhaltung anderen zu dienen, um bei fortgesetztem guten Betragen sich an das Glück mehrbegünstigter Weltbürger mit angereiht zu sehen. Hier gelangt er denn über wenige Stufen in den Dienst einer vortrefflichen Fürstin, genießt den Vorteil ihrer Nähe zu den schönsten Zeiten, schließt zuletzt seine Laufbahn als dienender Bruder des hohen Bundes, und fühlt sich in die würdigste Einheit verschlungen: ein günstiges Schicksal, das er sich durch lebenslängliche Dienstfertigkeit wohl verdient hat.

Der dritte, im mittleren bürgerlichen Leben einen bequemen Weg geführt, findet zuletzt angemessene Stellen im Staate; er versieht sie mit Zufriedenheit seiner Vorgesetzten und des Fürsten und hält sich gleichmäßig aus bis ans Ende. Aber die ihm obliegenden Geschäfte füllen seine Tätigkeit nicht aus, eine mäßige Einnahme reicht zu seinen Bedürfnissen nicht hin, und so bemüht er sich im weltbürgerlichen Sinne, durch Vieltätigkeit anderen zu dienen und vielleicht dadurch sich selbst zu nützen: aber keines von beiden gelingt in dem Grade, daß die doppelte Absicht erfüllt würde; wir bemerken seine Wirkung nach außen oft unterbrochen, gelähmt, und sehen ihn aus einer sorgenvollen Lage hinscheiden.

Der vierte gibt uns gleichfalls Anlaß zu ernsten Betrachtungen. Er war von Jugend auf durch Natur und Umstände begünstigt; als Knabe schön gebildet, Liebe und Neigung sich von früh auf erwerbend; aus dem Jünglinge entwickelte sich ein treffliches Künstlertalent; er lebte als treuer, heiterer Freund unter seinen Gesellen, zeigte sich als wackerer, kriegerischer Bürger, und in allen diesen Zuständen sieht er sich gefördert, jeden Wunsch erreicht, jeden Vorsatz begünstigt.

Betrachten wir ihn nun als Maurer, so fällt auch hier jede Bemerkung zu seinen und unseren Gunsten. Mit Leidenschaft schloß er sich an unseren Bund; denn er fühlte darin die Ahnung dessen, was ihm sein Leben durch gefehlt hatte, dessen, was er bei dem besten Willen aus sich selbst zu entwickeln, bei sich selbst festzustellen nicht vermochte, einen gewissen Halt nämlich, ein Regulativ, woran er sich als Künstler messen, als Mensch, Freund und Liebender prüfen könnte. In unserem Bunde erschien ihm zum ersten Male das Ehrwürdige, das uns selbst Würde gibt, die alles umschlingende, aus lebenden Elementen geflochtene Kette, der Ernst einfacher, immer wiederkehrender und doch immer genügender und hinreichender Formen.

Dieser Eindruck auf das empfängliche Gemüt war so groß, daß er unseren Arbeiten niemals ohne Aufregung beiwohnen, ihrer niemals ohne Rührung gedenken konnte; daß er in denselben Sitte, Gesetz, Religion zu fühlen und vorzuempfinden glaubte, und zwar in dem Grade, daß er in seinen letzten Augenblicken als höchste Beruhigung empfand, einem Bruder die Hand zu drücken und den übrigen Verbundenen einen traurig-dankbaren Gruß zu senden. Ja man kann überzeugt sein, daß, wäre er früher

in unsere Verbindung getreten, ihm dasjenige geworden
wäre, was man an ihm zu vermissen hatte.

Und hiermit lasset uns zum Schlusse eilen; denn sowohl über ihn als sonstige Abgeschiedene eigentlich Ge-
richt zu halten, möchte niemals der Billigkeit gemäß sein.
Wir leiden alle am Leben; wer will uns, außer Gott,
zur Rechenschaft ziehen? Tadeln darf man keinen Abgeschiedenen; nicht was sie gefehlt und gelitten, sondern
was sie geleistet und getan, beschäftige die Hinter-
bliebenen. An den Fehlern erkennt man den Menschen,
an den Vorzügen den einzelnen; Mängel und Schicksale
haben wir alle gemein, die Tugenden gehören jedem besonders.

Lehrbrief

(Er wird Buch VII, Kap. 9 der Lehrjahre Wilhelm Meister
eingehändigt. Nicht eigentlich für die Loge bestimmt, ist er
doch ihren Zwecken sehr angemessen und wird z. B. von der
Loge zu St. Gallen im Rituale des zweiten Grades verwendet.)

Die Kunst ist lang, das Leben kurz, das Urteil
schwierig, die Gelegenheit flüchtig. Handeln ist leicht,
Denken schwer, nach dem Gedanken handeln unbequem.
Aller Anfang ist heiter, die Schwelle ist der Platz der
Erwartung. Der Knabe staunt, der Eindruck bestimmt
ihn, er lernt spielend, der Ernst überrascht ihn. Die Nach-
ahmung ist uns angeboren, der Nachzuahmende wird nicht
leicht erkannt. Selten wird das Treffliche gefunden,
seltener geschätzt. Die Höhe reizt uns, nicht die Stufen;
den Gipfel im Auge, wandeln wir gerne auf der Ebene.
Nur ein Teil der Kunst kann gelehrt werden, der Künstler
braucht sie ganz. Wer sie halb kennt, ist immer irre
und redet viel; wer sie ganz besitzt, mag nur tun, und
redet selten oder spät. Jene haben keine Geheimnisse

und keine Kraft, ihre Lehre ist wie gebackenes Brot, schmackhaft und sättigend für einen Tag; aber Mehl kann man nicht säen, und die Saatfrüchte sollen nicht vermahlen werden. Die Worte sind gut, sie sind aber nicht das Beste. Das Beste wird nicht deutlich durch Worte. Der Geist, aus dem wir handeln, ist das Höchste. Die Handlung wird nur vom Geiste begriffen und wieder dargestellt. Niemand weiß, was er tut, wenn er recht handelt; aber des Unrechten sind wir uns immer bewußt. Wer bloß mit Zeichen wirkt, ist ein Pedant, ein Heuchler oder ein Pfuscher. Es sind ihrer viel, und es wird ihnen wohl zusammen. Ihr Geschwätz hält den Schüler zurück, und ihre beharrliche Mittelmäßigkeit ängstigt die Besten. Des echten Künstlers Lehre schließt den Sinn auf; denn wo die Worte fehlen, spricht die Tat. Der echte Schüler lernt aus dem Bekannten das Unbekannte entwickeln und nähert sich dem Meister.

Grundsätze

(Dieser Abschnitt aus Wilhelm Meisters Wanderjahren, Buch III, Kap. 9, dürfte ebenfalls maurerischer Erwägung besonders wert erscheinen.)

Unsere Gesellschaft ist darauf gegründet, daß jeder in seinem Maße, nach seinen Zwecken aufgeklärt werde. Hat irgend einer ein Land im Sinne, wohin er seine Wünsche richtet, so suchen wir ihm das Einzelne deutlich zu machen, was im Ganzen seiner Einbildungskraft vorschwebte; uns wechselseitig einen Überblick der bewohnten und bewohnbaren Welt zu geben, ist die angenehmste, höchst belohnende Unterhaltung.

In solchem Sinne nun dürfen wir uns in einem Weltbunde begriffen ansehen. Einfach groß ist der Gedanke, leicht die Ausführung durch Verstand und Kraft. Einheit ist allmächtig, deshalb keine Spaltung, kein Widerstreit unter uns. Insofern wir Grundsätze haben, sind sie uns allen gemein. Der Mensch, so sagen wir, lerne, sich ohne dauernden äußeren Bezug zu denken, er suche das Folgerechte nicht an den Umständen, sondern in sich selbst; dort wird er's finden, mit Liebe hegen und pflegen. Er wird sich ausbilden und einrichten, daß er überall zu Hause sei. Wer sich dem Notwendigsten widmet, geht überall am sichersten zum Ziel; andere hingegen, das Höhere, Zartere suchend, haben schon in der Wahl des Weges vorsichtiger zu sein. Doch was der Mensch auch ergreife und handhabe, der einzelne ist sich nicht hinreichend; Gesellschaft bleibt eines wackeren Mannes höchstes Bedürfnis. Alle brauchbaren Menschen sollen in Bezug untereinander stehen, wie sich der Bauherr nach dem Architekten und dieser nach Maurer und Zimmermann umsieht.

Und so ist denn allen bekannt, wie und auf welche Weise unser Bund geschlossen und gegründet sei. Niemand sehen wir unter uns, der nicht zweckmäßig seine Tätigkeit jeden Augenblick üben könnte, der nicht versichert wäre, daß er überall, wohin Zufall, Neigung, ja Leidenschaft ihn führen könnte, sich immer wohl empfohlen, aufgenommen und gefördert, ja von Unglücksfällen möglichst wiederhergestellt finden werde.

Zwei Pflichten sodann haben wir aufs strengste übernommen: jeden Gottesdienst in Ehren zu halten, denn sie sind alle mehr oder weniger im Credo verfaßt; ferner alle Regierungsformen gleichfalls gelten zu lassen und, da sie sämtlich eine zweckmäßige Tätigkeit fordern und befördern, innerhalb einer jeden uns, auf wie lange es auch sei, nach ihrem Willen und Wunsch zu bemühen. Schließlich halten wir's für Pflicht, die Sittlichkeit ohne Pedanterei und Strenge zu üben und zu fördern, wie es die Ehrfurcht vor uns selbst verlangt, welche aus den drei

Ehrfurchten entsprießt, zu denen wir uns sämtlich bekennen, auch alle in diese höhere allgemeine Weisheit, einige sogar von Jugend auf, eingeweiht zu sein das Glück und die Freude haben. Dieses alles haben wir in der feierlichen Trennungsstunde nochmals bedenken, erklären, vernehmen und anerkennen, auch mit einem traulichen Lebewohl besiegeln wollen.

> Bleibe nicht am Boden heften,
> Frisch gewagt und frisch hinaus!
> Kopf und Arm mit heitern Kräften
> Überall sind sie zu Haus;
> Wo wir uns der Sonne freuen
> Sind wir jede Sorge los.
> Daß wir uns in ihr zerstreuen,
> Darum ist die Welt so groß.

B. LOGENLIEDER

Bundeslied

(Das Lied, das wohl in allen Logen mit Freuden gesungen wird, war ursprünglich für ein Familienfest bestimmt. Es wurde am 10. September 1775 bei der Vermählung des Predigers Ewald in Offenbach, dessen Goethe im 17. Buche von Dichtung und Wahrheit so freundlich gedenkt, von zwei anderen jungen Paaren gesungen.)

> In allen guten Stunden,
> Erhöht von Lieb' und Wein,
> Soll dieses Lied verbunden
> Von uns gesungen sein!
> Uns hält der Gott zusammen,
> Der uns hierher gebracht.
> Erneuert unsre Flammen,
> Er hat sie angefacht.

So glühet fröhlich heute,
Seid recht von Herzen eins!
Auf, trinkt erneuter Freude
Dies Glas des echten Weins!
Auf, in der holden Stunde
Stoßt an, und küsset treu,
Bei jedem neuen Bunde,
Die alten wieder neu!

Wer lebt in unserm Kreise,
Und lebt nicht selig drin?
Genießt die freie Weise
Und treuen Brudersinn!
So bleibt durch alle Zeiten
Herz Herzen zugekehrt;
Von keinen Kleinigkeiten
Wird unser Bund gestört.

Uns hat ein Gott gesegnet
Mit freiem Lebensblick,
Und alles, was begegnet,
Erneuert unser Glück.
Durch Grillen nicht gedränget,
Verknickt sich keine Lust;
Durch Zieren nicht geenget,
Schlägt freier unsre Brust.

Mit jedem Schritt wird weiter
Die rasche Lebensbahn,
Und heiter, immer heiter
Steigt unser Blick hinan.
Uns wird es nimmer bange,
Wenn alles steigt und fällt;
Wir bleiben lange, lange,
Auf ewig so gesellt.

Spruch

(Das kleine Lied, für vier Solostimmen komponiert von
Bergt, wird im Liederbuch der Loge Amalia Goethe zugeschrieben, hat sich aber sonst nicht nachweisen lassen.)

Wo Lieb' und Güte wohnet, ist gut weilen.
O Glück, wo Leid wie Lust die Edlen teilen!
Der Kindheit Paradies erwacht aufs neue,
Blüht schöner noch, wo Huld sich regt und Treue.

Ergo bibamus

(In einem kleinen Aufsatze der Weimarischen Zeitung vom
17. März 1905 macht Xanthippus (F. Sandvoß) darauf aufmerksam, daß bei dem „göttlichen Bildchen" in der Schlußstrophe
doch wahrlich nicht, wie Bielschowski (Goethe II, 384) meint, an
die aus dem Risse der Wolken hervorblickende Gottheit gedacht
werden kann, daß vielmehr anzunehmen ist, während des Gesanges
sei durch Wegziehen eines Vorhangs wirklich ein Bildnis enthüllt
worden. Da das Lied 1810 gedichtet ist, so vermutet er, es
sei am 10. März zum Geburtstag der Königin Luise von Preußen
in der Loge Amalia gesungen worden. Zu dieser Vermutung
bieten die Logenakten gar keinen Anhalt. Wohl aber findet
sich — von unbekanntem Verfasser — ein „Schwesternlied zur
Feier der Vermählung der durchlauchtigen Prinzessin Caroline
von Sachsen-Weimar am 1. Julius 1810, gesungen in der Loge
Amalia zu Weimar". Weitere Nachricht über diese Feier fehlt;
sie fiel in die Logenferien und wurde wohl deshalb nicht im
Protokollbuche vermerkt. Die Vermutung liegt nahe, daß bei
eben dieser Veranlassung auch das Lied von Goethe gesungen
worden sei, daß also das enthüllte Bildchen das der jungen
Braut war, der einzigen Tochter Karl Augusts, für die Goethe
immer ein lebhaftes Interesse hatte, während sie ihn als „den
Meister" verehrte. Die aus dem Liede erklingende Heiterkeit
entspricht der Vorstellung, welche Goethe von dem bei Logen-,
insbesondere Schwesternfesten, herrschenden Tone gehabt zu
haben scheint: vgl. oben S. 52.)

152

Hier sind wir versammelt zu löblichem Tun,
    Drum, Brüderchen: Ergo bibamus.
Die Gläser sie klingen, Gespräche sie ruhn,
    Beherziget Ergo bibamus.
Das heißt noch ein altes, ein tüchtiges Wort:
Es passet zum ersten und passet so fort,
Und schallet ein Echo vom festlichen Ort,
    Ein herrliches Ergo bibamus.

Ich hatte mein freundliches Liebchen gesehn,
    Da dacht' ich mir: Ergo bibamus.
Und nahte mich freundlich; da ließ sie mich stehn.
    Ich half mir und dachte: Bibamus.
Und wenn sie versöhnet euch herzet und küßt,
Und wenn ihr das Herzen und Küssen vermißt,
So bleibet nur, bis ihr was Besseres wißt,
    Beim tröstlichen Ergo bibamus.

Mich ruft mein Geschick von den Freunden hinweg;
    Ihr Redlichen: Ergo bibamus.
Ich scheide von hinnen mit leichtem Gepäck;
    Drum doppeltes Ergo bibamus.
Und was auch der Filz von dem Leibe sich schmorgt,
So bleibt für den Heitern doch immer gesorgt,
Weil immer dem Frohen der Fröhliche borgt;
    Drum, Brüderchen! Ergo bibamus.

Was sollen wir sagen zum heutigen Tag?
    Ich dächte nur: Ergo bibamus!
Er ist nun einmal von besonderem Schlag;
    Drum immer aufs neue: Bibamus.
Er führet die Freude durchs offene Tor,
Es glänzen die Wolken, es teilt sich der Flor,
Da scheint uns ein Bildchen, ein göttliches, vor;
    Wir klingen und singen: Bibamus!

Symbolum

(Über Zeit und Veranlassung zu diesem Gedichte, „einem der ergreifendsten und wunderbarsten seines Genius", wie R. Stern (Latomia 1860, S. 189) in seiner Betrachtung darüber sagt, scheinen bestimmte Nachrichten zu fehlen. Oben (S. 50) habe ich es wahrscheinlich zu machen versucht, daß es 1814 entstanden sei, als Goethe, ·das einzige Mal seit seiner Erhebung in den dritten Grad, einer Meisterloge beigewohnt hatte.)

Des Maurers Wandeln
Es gleicht dem Leben,
Und sein Bestreben
Es gleicht dem Handeln
Der Menschen auf Erden.

Die Zukunft decket
Schmerzen und Glücke
Schrittweis dem Blicke;
Doch ungeschrecket
Dringen wir vorwärts,

Und schwer und ferne
Hängt eine Hülle,
Mit Ehrfurcht, stille
Ruhn oben die Sterne
Und unten die Gräber.

Betracht' sie genauer
Und siehe, so melden
Im Busen der Helden
Sich wandelnde Schauer
Und ernste Gefühle.

Doch rufen von drüben
Die Stimmen der Geister,
Die Stimmen der Meister:
Versäumt nicht zu üben
Die Kräfte des Guten.

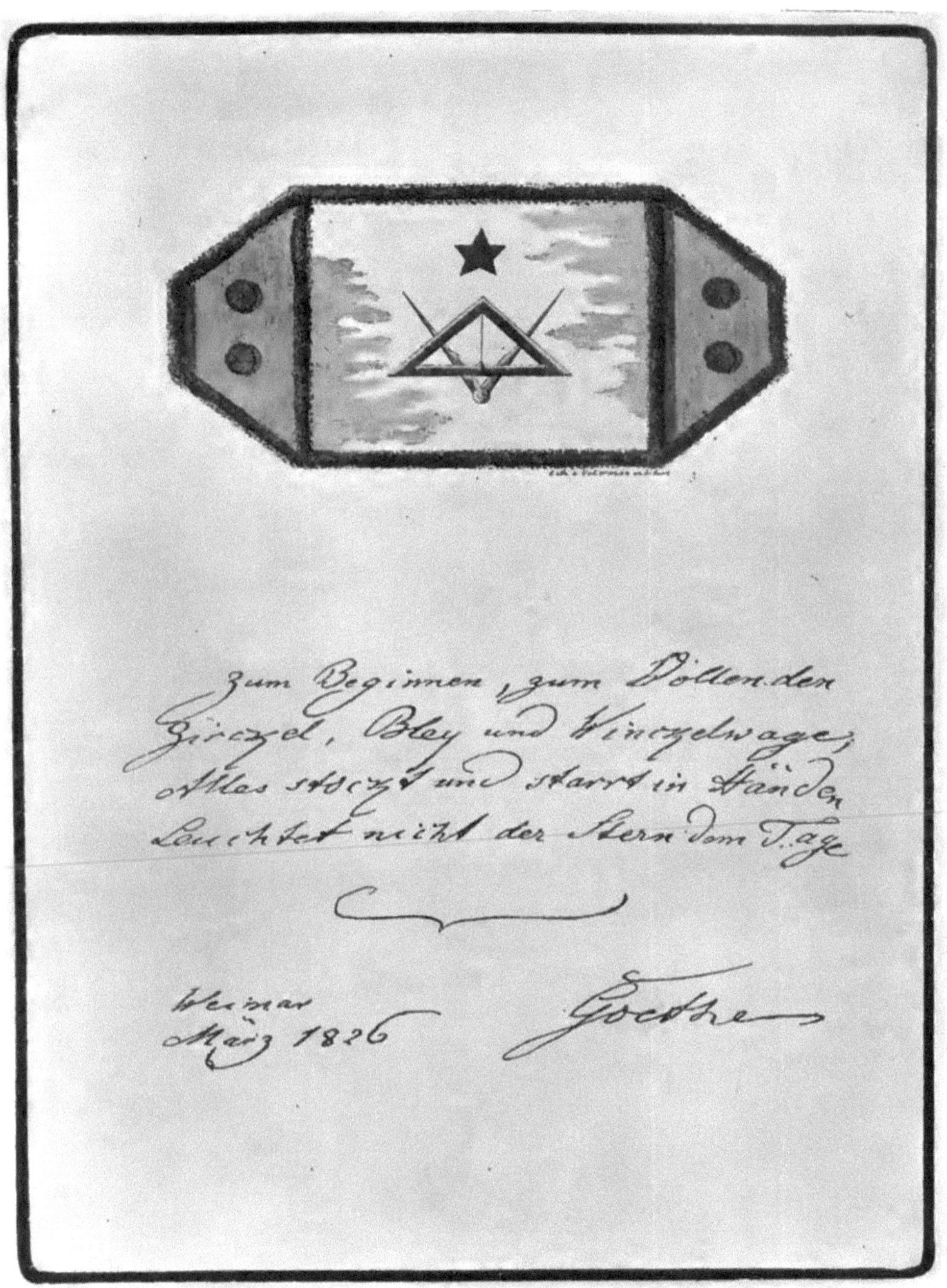

Poeschel & Kippenberg, Leipzig 1905.

> Hier winden sich Kronen
> In ewiger Stille,
> Die sollen mit Fülle   -
> Den Tätigen lohnen!
> Wir heißen euch hoffen.

Leuchtender Stern über Winkelwage, Blei und Zirkel.

(Wie oben, S. 49, zu erwähnen war, gehörte die durch diese Verse erläuterte Zeichnung zu der Gruppe von acht allegorischen Bildern, mit denen Goethe 1825 bei Karl Augusts Regierungs- und seinem eigenen Staatsdienerjubiläum sein Haus geschmückt hatte. Die dazu verwendeten Kartons, nach Goethes Angaben von A. Heideloff entworfen, sind noch im Goethe-Museum in Weimar zu sehen; farbige Verkleinerungen davon finden sich in „Weimars Jubelfest am 3. September 1825" (Weimar, bei Wilh. Hoffmann, 1825). Das Datum „März 1826" besagt wohl, daß die lithographierte Nachbildung von Goethes Zeichnung nebst dem Faksimile seiner Verse damals an seine Freunde versandt wurde.)

> Zum Beginnen, zum Vollenden
> Zirkel, Blei und Winkelwage;
> Alles stockt und starrt in Händen,
> Leuchtet nicht der Stern dem Tage.
>
> Sterne werden immer scheinen,
> Allgemein auch zum Gemeinen;
> Aber gegen Maß und Kunst
> Richten sie die schönste Gunst.

Dank des Sängers

(Da das Gedicht das Datum trägt: Weimar, den 29. Dezember 1815, also drei Wochen nach August v. Goethes Aufnahme in die Loge verfaßt wurde, so ist kaum zu zweifeln, daß es eine poetische Ergänzung ist zu den Dankesworten, die der Sohn in der Januarloge im Namen des Vaters aussprach. S. oben S. 51.)

Von Sängern hat man viel erzählt,
Die in ein Schloß gekommen,
Wo nichts ermangelt, nichts gefehlt,
Sie haben Platz genommen.
Doch war wo, irgendwo ein Platz,
Vergleichbar diesem Brüder-Schatz,
Wo auch ich Platz genommen?

Ihr fraget nicht, woher ich sei,
Wir alle sind von oben;
Doch singend wird der Freie frei
Und darf die Brüder loben.
Die Brust entlöse der Gesang!
Was außen eng, was außen bang,
Uns macht es nicht beklommen.

So hab' ich euch denn schon den Dank,
Den ich gedacht, erwiesen,
Und euch mit Tönen, rein und schlank,
Als Würdige gepriesen.
Was bleibet übrig als der Schall,
Den wir so gerne hören,
Wenn überall, allüberall
Im stillen wir uns vermehren!

Verschwiegenheit

(Es ist wohl das von Zelter unter dem 10. November 1816
erwähnte „Bundes- oder Logenlied für den Kammerrat", war also
bestimmt, bei einer Tafelloge gesungen zu werden, im Anschluß
an Augusts Beförderung in den Gesellengrad, am 28. Dezember.)

Wenn die Liebste zum Erwidern
Blick auf Liebesblicke beut,
Singt ein Dichter gern in Liedern,
Wie ein solches Glück erfreut.

Aber Schweigen bringet Fülle
Reicheren Vertrauns zurück.
Leise, leise! Stille, stille!
Das ist erst das wahre Glück.

Wenn den Krieger wild Getöse,
Trommel und Pauken aufgeregt,
Er den Feind, in aller Blöße,
Schmetternd über Länder schlägt;
Nimmt er wegen Siegsverheerung
Gern den Ruhm, den lauten, an,
Wenn verheimlichte Verehrung
Seiner Wohltat wohlgetan.

Heil uns! Wir verbundne Brüder
Wissen doch, was keiner weiß.
Ja, sogar bekannte Lieder
Hüllen sich in unsern Kreis.
Niemand soll und wird es schauen,
Was einander wir vertraut:
Denn auf Schweigen und Vertrauen
Ist der Tempel aufgebaut.

Trauerloge

(Das Gedicht ist „der unvergeßlichen Prinzessin Caroline von Weimar-Eisenach, vermählten Prinzessin von Mecklenburg-Schwerin gewidmet", welche, seit dem 1. Juli 1810 vermählt, am 20. Januar 1816 starb. Wie von der bei „Ergo bibamus" erwähnten Vermählungsfeier unter Teilnahme der Schwestern die Logenprotokolle nichts enthalten, so ist auch von einer besonderen Trauerloge nichts zu ersehen. Jedoch wurde in der am 26. Januar zum Andenken verstorbener Brüder stattfindenden ritualmäßigen Trauerloge auch „an den großen Verlust erinnert, den unser erhabenes Fürstenhaus in der Kürze erfahren hat durch den Tod der einzigen Tochter, die in der Blüte ihrer Jahre zu einem höheren Erbe abgerufen, von allen Bewohnern der Mecklenburgischen und hiesigen Lande beweint wird".)

An dem öden Strand des Lebens,
Wo sich Dün' auf Düne häuft,
Wo der Sturm im Finstern träuft,
Setze dir ein Ziel des Strebens.
Unter schon verloschnen Siegeln
Tausend Väter hingestreckt;
Ach! von neuen frischen Hügeln
Freund an Freunden überdeckt!

Hast du so dich abgefunden,
Werde Nacht und Äther klar,
Und der ew'gen Sterne Schar
Deute dir belebte Stunden,
Wo du hier mit Ungetrübten,
Treulich wirkend, gern verweilst,
Und auch treulich den geliebten
Ewigen entgegeneilst.

Dem Herzog Bernhard von Weimar. Am 15. September 1826.

(Das Lied wurde bei der betreffenden Logenfeier — wovon oben, S. 55 — durch August v. Goethe vorgelesen, dann auch von Zelter komponiert; einzeln gedruckt mit der Widmung: „Dem aus Amerika glücklich bereichert Wiederkehrenden, ihrem durchlauchtigsten Bruder Herrn Karl Bernhard, Herzog von Sachsen-Weimar-Eisenach Hoheit, die verbundenen Brüder der Loge Amalia zu Weimar.")

Das Segel steigt! Das Segel schwillt!
Der Jüngling hat's geträumt;
Nun ist des Mannes Wunsch erfüllt,
Noch ist ihm nichts versäumt.
So geht es in die Weite fort
Durch Wellenschaum und -strauß.
Kaum sieht er sich am fremden Ort,
Und gleich ist er zu Haus.

Da summt es wie ein Bienenschwarm,
Man baut, man trägt herein;
Des Morgens war es leer und arm,
Um abends reich zu sein.
Geregelt wird der Flüsse Lauf
Durch kaum bewohntes Land;
Der Felsen steigt zur Wohnung auf,
Als Garten blüht's im Sand.

Der Reisefürst begrüßt sodann,
Entschlossen und gelind,
Als Bruder jeden Ehrenmann,
Als Vater jedes Kind.
Empfindet, wie so schön es sei
Im frischen Gottesreich;
Er fühlt sich mit dem Wackern frei
Und sich dem Besten gleich.

Scharfsichtig Land und Städte so
Weiß er sich zu beschaun;
Gesellig auch, im Tanze froh,
Willkommen schönen Fraun;
Den Kriegern ist er zugewöhnt,
Mit Schlacht und Sieg vertraut;
Und ernst und ehrenvoll ertönt
Kanonendonner laut.

Er fühlt des edlen Landes Glück,
Ihm eignet er sich an,
Und hat bis heute manchen Blick
Hinüberwärts getan.
Dem aber sei nun, wie's auch sei,
Er wohnt in unserm Schoß! —
Die Erde wird durch Liebe frei,
Durch Taten wird sie groß.

Gegentoast der Schwestern

(Zum 24. Oktober 1820, dem Stiftungs- und Amalienfeste,
von August v. Goethe bei der Tafel nach dem Schwesterntoaste
vorgetragen und mit den Worten eingeleitet: „Es sei mir vergönnt, einige Worte im Namen der Schwestern freundlich zu
erwidern. Die Worte selbst sendet mein Vater, indem er sich
ihrer brüderlichen Liebe empfiehlt." — Den Grund zu dieser
besonderen Aufmerksamkeit gab wohl Augusts Erhebung in den
Meistergrad, am 26. Januar 1820.)

Unser Dank, und wenn auch trutzig,
Grüßend alle lieben Gäste,
Mache keinen Frohen stutzig:
Denn wir feiern eure Feste.

Sollten aber wir, die Frauen,
Dankbar solche Brüder preisen,
Die, ins Innere zu schauen,
Immer uns zur Seite weisen?

Doch Amalien, der hehren,
Die auch euch verklärt erscheinet,
Sprechend, singend ihr zu Ehren,
Sind wir doch mit euch vereinet.

Und indem wir eure Lieder
Denken keineswegs zu stören,
Fragen alle sich die Brüder,
Was sie ohne Schwestern wären?

Zur Logenfeier des 3. Septembers 1825

(Zu der Logenfeier, die bei der 50. Wiederkehr von Karl
Augusts Regierungsantritt stattfand, hatte Goethe — wie oben
S. 54 erwähnt — drei Gesänge verfaßt. Der erste wurde „feier-
lich-anmutig" bei Eröffnung der Loge vorgetragen; der Zwischen-
gesang war zwischen die Ansprachen der Brüder v. Fritsch und
v. Müller eingeschoben. Zum allgemeinen Verständnisse des

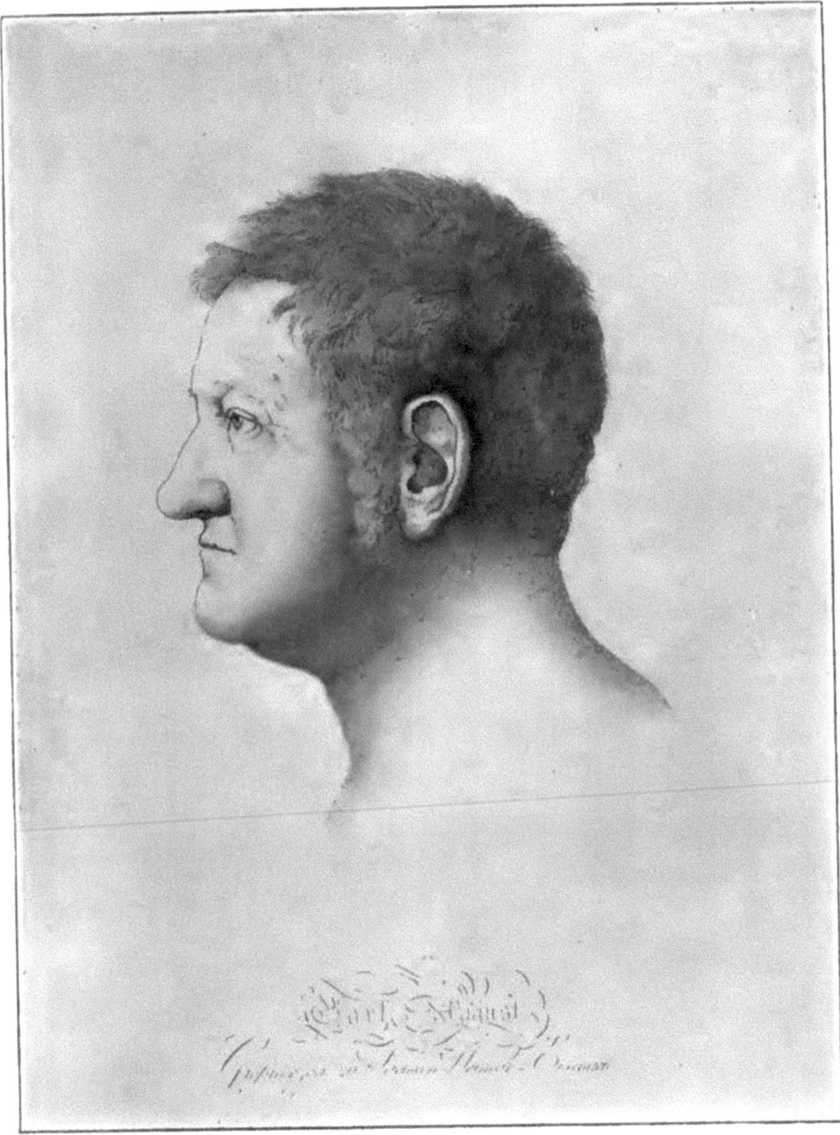

XI

Poeschel & Kippenberg, Leipzig 1905.

„heitern Schlußgesangs" wird im Festbericht bemerkt, „daß vorausgesetzt sei, die zur hohen Feierlichkeit im Stillen verbündeten Brüder werden auch teilnehmen an dem, was im Offenbaren geschieht und geschah. — Nur erst vor wenig Jahren erbaute Straßen sind nun mit Kränzen in langen architektonischen Reihen geziert; die zum Jubelfeste eingeweihte Bürgerschule steht als eine der ersten Zierden dieser feierlichen Epoche. Der Dichter führt sodann die Teilnehmenden zu den baumreichen zugänglichen Kunst- und Naturumgebungen der Stadt, erinnert an tägliche Freuden, welche alt und jung daselbst genossen, und endet in der Hauptanerkennung der so weit ausgreifenden als gründlichen Wirksamkeit des gefeierten Fürsten".)

I

Einmal nur in unserm Leben,
Was auch sonst begegnen mag,
Ist das höchste Glück gegeben:
Einmal feiert solchen Tag!

Einen Tag, der froh erglänzend,
Bunten Schmucks der Nacht entsteigt,
Sich gesellig nun begrenzend,
Segensvoll zum Berge neigt.

Darum öffnet eure Pforten,
Laßt Vertrauteste herein;
Heute soll an allen Orten
Liebe nah der Liebe sein!

2

3

Nun auf und laßt verlauten,
Ihr brüderlich Vertrauten,
Wie ihr geheim verehret:
Nach außen sei's gekehret!
Nicht mehr in Sälen
Verhalle der Sang.

Und jubelnd übermaßen
Durchziehet neue Straßen!

Wo wir ins Leere schauten,
Erscheinen edle Bauten,
Und Kranz an Kränzen
Die Reihen entlang.

So äußeres Gebäude
Verkündet inn're Freude;
Der Schule Raum erheitert
Zu lichtem Saal erweitert;
Die Kinder scheuen
Nicht Moder noch Zwang.

Nun in die luft'gen Räume!
Wer pflanzte diese Bäume,
Ihr kinderfrohen Gatten?
Er pflegte diese Schatten,
Und Wälder umgrünen
Die Hügel entlang.

Die Plage zu vergessen,
Das Gute zu ermessen,
So aufgeregt als treulich,
So treusam wie erfreulich,
Stimmet zusammen
In herzlichem Sang!

Wie viel er ausgespendet,
Auch weit und breit vollendet,
Die Unzahl sich verbündet,
Unsäglich Glück gegründet,
Das wiederholet
Das Leben entlang.

Dem würdigen Bruderfeste

(Goethes Dank für seine Ernennung zum Ehrenmitgliede
der Loge Amalia, bei seinem 50jährigen Maurerjubiläum; s.
oben S. 59. Den Text gibt die Beilage im Faksimile.)

ANHANG

FESTLIEDER VERSCHIEDENER VERFASSER

Tafellied bei der Einführung Wielands in die
Loge Amalia am 4. April 1809

Von Br. Zacharias Werner.

Ihr, der Menschheit treue Söhne,
Laßt uns heut ein Fest begehn!
Laßt der Maurer Freudentöne
Durch die stillen Hallen wehn!
   Denn es ist zur guten Stunde
   Der geschenket unserm Bunde,
   Den zum Leiter unsrer Spur
   Schuf und weihte die Natur.

Was ertönt im Maurerliede,
Ist der Tugend stille Kraft,
Ist der Weisheit goldner Friede,
Der das Ewigschöne schafft.
   Muß der Geist des Schönen-Guten
   Heut nicht auf uns niederfluten?
   Seines Tempels Hierophant
   Hat uns Brüder ja genannt.

In des Liedes sanften Klängen
Tönt nur schüchtern dessen Lob,
Der auf ewigen Gesängen
Sich zum Helikon erhob.
   Seine Scheitel zu umwinden,
   Mag die Kunst den Lorbeer binden;
   Hier, im Bunde, soll ihm blühn
   Treuer Achtung Immergrün.

Unser Bund, er pflanzet Blüten
Um der Menschheit Hochaltar;
Wird sie still und treulich hüten,
Bis die Frucht wird offenbar.
   Darum halten wir umschlungen
   Den, der Blüten, Frucht errungen;
   In des Bundes Namen wir
   Singen, Wieland, Jubel dir!

Brüder, jetzt das Glas erhoben!
Huldigt stolz der süßen Pflicht!
Strahlt uns, ob auch Stürme toben,
Nicht der Dioskuren Licht?
   Wie den Kelch, erhebt die Geister:
   Denn die beiden hohen Meister,
   Die dein Stolz, o Vaterland,
   Halten unsrer Kette Band.

Zu der durchlauchtigsten Schwester Luise Geburtsfeste, am 7. Februar 1809

Von Br. Zacharias Werner.

Der alten Maurer freier Brüderorden,
Er hat der Schwestern Tugend stets geehrt;
Durch ihn ist es dem Erdkreis kund geworden,
Des Mannes Wesen und der Frauen Wert.
Nicht wie die wilden, regellosen Horden,
Wo jeder tut, was sein Gelüst begehrt —
Wer Senkblei, Maß und Zirkel kann regieren,
Der kann den Tempel gründen und ihn zieren.

Drum freut's mich, Brüder, daß in diesen Hallen
Ihr der erhabnen Schwester heut gedenkt,
Und fröhlich laß ich ihr mein Lob erschallen,
Ihr, die der Himmel euch und mir geschenkt.
Zwar wie des Pilgers ist mein Erdenwallen,
Und weiß ich nicht, wohin mein Lauf sich lenkt;
Doch die mir sind verliehn, die schwachen Töne,
Zoll ich zum Preis der geistig hohen Schöne.

Ihr wißt es, Brüder, daß in unsern Zeiten
Sich offenbart jedwede Eigenschaft:
Wer fest auf sich nicht dasteht, der muß gleiten,
Und wer da standhaft, zeiget seine Kraft.
Der Meister hat uns wollen dies bereiten:
Die Zeit, die selber sich zusammenrafft,
Daß jeder, was er könne, lern' erkennen,
Und was gediegen, von dem Eitlen trennen.

Und weil auf Weimar gnädig er geschauet,
(Wo vieles Gute lange war vereint;
Wo mancher treue Maurer hat erbauet,
Was staunenswert der fremden Welt erscheint,
Dieweil ihr, die dem Scheine nur vertrauet,
Nicht kund geworden, was das Wesen meint) —
Wollt' er, verbundne Männer, euch entfalten,
Wie Frauenwert sich auch kann hoch gestalten.

Luisa, welcher ihr als Fürstin frönet,
Die ihr als Schwester liebt, als Heldin preist,
Des Mannes Tochter, der mit Ruhm gekrönet —
Denn wer kennt nicht der alten Katten Geist! —
Luisa, die das Schicksal euch versöhnet,
Das uns zum Ziel die Klippenpfade weist:
Wie die drei Lichter ewig glühn im Tempel,
So sei auch sie uns ewig ein Exempel!

Wir wissen, daß durch Weisheit, Schönheit, Stärke
Der Bau fundiert, den keine Macht zersprengt;
Wir wissen, daß ein jedes seiner Werke
Der Meister in die Drei hat eingezwängt;
Wir wollen es, daß es die Menschheit merke,
Die unberufen oft zum Bau sich drängt.
Drum müssen wir auf diese Drei sie weisen;
Drum müssen wir Luisens Tugend preisen.

Der Weisheit Keim entfaltet sich im stillen,
Bis er gereifet ist zur hohen Tat.
Es mag die Schönheit gerne sich verhüllen,
Weil immer ihr die Zucht zur Seite trat.
Die Stärke kennt nur eins: den reinen Willen,
Der in dem Donner wohnt, im Säuseln naht.
Und wer die Drei in Eines kann verweben,
Der schafft ein Werk, das ewiglich muß leben.

So hüllt Luisa in der stillen Ehre
Des Weibes weislich ihren Fürstenruhm.
Der schönste Reiz der Göttin von Cythere,
Die Würde, ist ihr ewig Eigentum.
Ob auch die Zwietracht eine Welt zerstöre,
Die Starke bleibt in ihrem Heiligtum:
Das muß der Helden erster selbst erkennen
Und, wie wir Glückliche, sie Schwester nennen.

Drum möge sie noch lange diesem Lande
Die Mutter, und den Deutschen Muster sein!
Ihr, die euch schützte an des Abgrunds Rande,
Ihr möget ihr des Dankes Opfer weihn.
Auch ich, der Fremdling von der Ostsee Strande,
Kann freier mich in ihrem Glanz erfreun.
Wer deine Töchter höhnt, Germania,
Nenn ihm Luisen und Amalia!

ZU GOETHES JUBELFEIER am 7. November 1825
(Vgl. oben S. 55.)

Morgengruß der Ilm

Von F. W. Riemer

Wallet, herzergoßne Wellen,
Wallet hin in vollem Drange,
Küßt des Liebsten traute Schwellen,
Bringt von mir ihm Gruß und Dank!

Heut ist der Tag, an dem der Götter Gunst
Zuerst den Freund mir sandte, den getreuen,
Unwandelbar mir liebend zugetan;
Dem ich des Lebens Glück und Frohgenuß,
Des Namens Ruhm in weite Fernen,
Unsterblichkeit in alle Zukunft danke!

Wonne jenes ersten Tages,
Wonne schwellet mir die Brust!
Sag es, Herz, dir, allen sag es,
Dein Entzücken, deine Lust:
Liebe hat in frühen Stunden
Frei und schön ihn dir verbunden;
Treue hat ihn treu erfunden;
Selig bist du dir's bewußt.

Er kam! mir unvergeßlich lebt die Stunde:
Aurora führt' ihn mir heran,
Mit Götterschönheit angetan,
Im Auge Glut und Zauberton im Munde,
Und aller Anmut, aller Gaben voll,
Ein Jüngling des Olympus, ein Apoll!
So war, dem königlichen Freund zu dienen,
Er einst Admet in Hellas Tal erschienen,

Und in der neu verschönten Flur
Ward offenbar des nahen Gottes Spur.

Schon umblühn mich Tempes Fluren,
Schon ergrünt mir Delphis Hain,
Und der Musen ew'ge Spuren
Kündet Baum und kündet Stein.

Und in diesen sel'gen Räumen
Wandl' ich hin mit leisem Gang,
Hold umschwebt von goldnen Träumen,
Hold umtönt von Lustgesang.

Aber dann ist eine Stätte
Wundervoll, entzückend schön,
Wie für einen Gott ersehn:
Rosenlauben, Lilienbeete,
Gleich des Abends Duft und Röte!
Und bezaubert bleib' ich stehn.
Und das Lied, das hier erklungen,
Gilt der Liebe Huldigungen,
Gilt der Treue schönstem Pfand:
Durch die Welt hin schwebt's getragen,
Und ich hör' in fernsten Tagen
Ewig mich mit ihm genannt!

Und er, dem ich Unsterblichkeit verdanke,
Er — o entzückender Gedanke! —
Er feiert heute seinen goldnen Tag,
Den goldensten des mir geweihten Lebens.
Heil mir! ich darf ihn stolz den Meinen nennen,
Mich als die Seine dankesvoll bekennen!

Von nun an soll mein lauter Dank
An jedem Morgen ihm erschallen,
Und noch am Abend mein Gesang
Zu seiner Feier liebend wallen.

Tönt in meinen Preisgesang,
Du, Silvan, und ihr, Najaden!
Hall' ihn durch die Welt entlang,
Echo samt den Oreaden!

Goethen zum goldenen Jubeltage

Von Friedrich v. Müller

Es strahlt der Tag, der neues Glück verkündet,
Dem ahnungsvoll das Herz entgegenschlug,
Der Tag, der einst dich Weimars Ruhm verbündet,
Den unser Dank längst zu den Sternen trug,
Der Tag, der uns ein ewig Licht entzündet,
Zur Sonne rief des Adlers kühnen Flug;
Und, wie auf goldnem Fittich deiner Lieder,
Schwebt seligen Blickes die Erinnrung nieder.

Du schlangst den Schmuck, den ewig lorbeerfrischen,
Um deines Fürsten ruhmbestrahltes Haupt,
Riefst Sternen zu, dem Eichkranz sich zu mischen,
Der unsrer Fürstin heil'ges Bild umlaubt:
Den Mut des späten Enkels anzufrischen,
Der unerreichbar Heldengröße glaubt,
Zeigst du, in unvergänglich Erz gegraben,
Was wir verehrt, geliebt, besessen haben.

O goldner Tag, wo sie dir wiedergeben,
Den Kranz der lohnenden Unsterblichkeit!
Den Freund, den Sänger wollen sie umweben
Mit ihres Ruhmes heitrer Ewigkeit
Und ihn, vereint mit sich, der Nachwelt geben,
Ihn, der sein Leben ihrem Dienst geweiht!
Wohl konntest du nach höchsten Kränzen ringen,
Doch solchen Dank nur solche Fürsten bringen!

Hauptgesang

Von Stephan Schütze

Herauf, Gesang, und gib uns Flügel,
Hinauszuschweben fünfzig Jahr,
Wo dämmernd über Tal und Hügel
Das Licht uns diesen Tag gebar.
Er kommt! durch Herbstesungestüm
Entgegen ihm, entgegen ihm!

Wie trat die Stadt mit Schloß und Türmen
So still, so ahnungsvoll hervor,
Wo Milde schon nach Kriegesstürmen
Dem Lied ein Vaterland erkor!
Nun mächt'ger, wie vom Himmel, fiel
Der volle Klang ins Saitenspiel.

Ein Zauber hat sein Herz getroffen,
Nicht mehr hält ihn das Vaterhaus;
Ein Sänger auch mit frohem Hoffen
Streckt Freundesarme nach ihm aus.
Seht, wie der Mann, so reich begabt,
Sich nun am Jünglingsauge labt.

Gleichwie der Tau vom Strahl der Sonne,
So ist vom lebensvollen Bild,
Bei seinem Blick von Glut und Wonne,
Von Liebe ganz sein Herz erfüllt.
Das Licht, so fern auch seine Bahn,
Dem Lichte bleibt es zugetan.

Wie Stern an Stern auf weitem Meere,
Zog eine neue Welt herauf,
Und flammend durch des Himmels Heere
Sucht' ein Komet der Sonne Lauf.
Da ward die Stadt, vom Glanz erhöht,
Ein Leuchtturm, der am Hafen steht.

Ein Reich der Schönheit ward gegründet,
Das, mit der Wahrheit treu vermählt,
Und mit Natur im Geist verbündet,
Des Himmels Vorbild nicht verfehlt.
Er ging voran, von Kraft belebt,
Und alles ringt, und alles strebt.

Heil uns, die solches Glück erfahren!
Hell leuchtet uns sein Angesicht.
So lebe, Tag von fünfzig Jahren,
Du ewig taggebärend Licht!
O Stadt, erhöht in seinem Glanz,
Reich dankbar ihm den Siegeskranz!

Zur Feier von Goethes fünfzigjährigem Hiersein

Von J. P. Eckermann

Lauter Jubel tönt von allen Zungen,
Helle Freude strahlt aus jedem Blick!
Ja, wer fühlt sich heute nicht durchdrungen
Von des einz'gen Namens Stolz und Glück!
Seht umher in allen andern Reichen,
Jedes zeigt euch einen höchsten Mann;
Aber wo ein Beispiel seinesgleichen,
Daß ein Einzelner so viel getan?

Blicket um euch nach den großen Namen,
Die der Lorbeer frisch umwunden hält:
Jeder zeigt euch in dem schönsten Rahmen,
Scharf gesondert, eine eig'ne Welt.
Eine Welt des reichsten, tiefsten Lebens,
Die das Dasein sonnenklar erschließt;
Eine Welt des lautersten Bestrebens,
Die ihr Licht in dunkle Nächte gießt.

Doch was sinn’ ich? Nicht in tausend Weisen
Säng’ ich seine Taten, seinen Wert;
Und wie sollt’ ich einen Helden preisen,
Dem die Welt von Pol zu Pol gehört?
Mag man unsre Zeit verschreiend schelten,
Doch vor einem hat sie sich geschützt:
Daß sie, gleich dem Undank frührer Welten,
Blind und dumpf, nicht weiß, was sie besitzt.

Einst Homer ging wenig nur geachtet,
Shakespeare ward im Leben schlecht erkannt,
Tasso lag vom Kerker feucht umnachtet,
Dante klagt vertrieben und verbannt.
Unser Dichter, früh geschätzt, bewundert,
Wirkt zu seines Volkes Ruhm und Lust;
Mit ihm lebt ein lohnendes Jahrhundert,
Und es lebt, es herrscht ein Karl August!

Karl August, das Große früh erkennend,
Selbst ein Jüngling, führt den Jüngling ein.
Karl August, für alles Edle brennend,
Nennt ihn heute fünfzig Jahre sein.
Er, der frühe schon das Große wollte,
Wie wir ihn so jung und kühn gesehn,
Hat’s auch hier getan, so wie er sollte,
Und für uns, für alle ist’s geschehn.

Glücklich Weimar, von den Städten allen
Bist du kleine wunderbar bedacht!
Man wird stets zu deinen Toren wallen,
Angezogen von der heil’gen Macht;
Und man wird nach großen Männern fragen,
Die in schönen Zeiten hier gestrebt,
Und mit edlem Neid wird man beklagen,
Daß man mit den edlen nicht gelebt.

Glücklich wir drum, alle die wir leben,
Die zu des Geliebten Schwelle gehn,
Und, von Kraft und Jugendglanz umgeben,
Still erfreut sein leuchtend Auge sehn;
Die wir seinen edlen Worten lauschen,
Deren Zauber wunderbar beglückt,
Blick mit ihm und Händedrücke tauschen,
Lebend so vom Lebenden erquickt.

Ja vom Lebenden, des seltne Tugend
Herrlich sich zum Glück der Welt erweist;
Vom Lebend'gen, dessen Kraft und Jugend
Noch ein langes Bleiben uns verheißt.
Ja, wir traun den waltenden Dämonen,
Die ihn schützten, uns zum höchsten Glück.
Gab ein Gott ihn uns von höh'ren Thronen,
Ruf' ein Gott ihn spät von uns zurück!

Zum Doppelfeste in der Loge Amalia 3./15. September 1826

Von Friedrich Peucer

(Vgl. oben S. 55.)

Strahlen, die aus Osten stammen,
Künden hell den Morgen an,
Und des Tages reine Flammen
Schimmern von des Äthers Plan;
Alle Wesen heben heiter
Zu der Sonn' ihr Angesicht,
Und sie strahlt und ziehet weiter,
Ewig groß und ewig licht.

Also im beglückten Lande,
Glänzt der Waltende hinaus,
Und in reichem Frohbestande
Blüht sein fürstlich hohes Haus:
Und er schaut auf seine Lieben,
Wie sie grünen und gedeihn;
Allen ist er nah geblieben,
Alle sonnt sein milder Schein.

Ja, wir sehn ihn lebenskräftig
Führen den geweihten Stab,
Den, fürs Ganze früh geschäftig,
Ihm die weise Mutter gab;
Erst vor wenig kurzen Horen
Brach ein neuer Tag ihm an.
Heil! er ist uns unverloren,
Ewig leuchte seine Bahn!

Aber Einen zieht es ferne,
Einen vielgeliebten Sohn;
Und er folgt dem guten Sterne,
Spricht den Elementen Hohn;
Mitten unter fremden Zungen
Strebt und forscht er allerwärts;
Dort empfängt er Huldigungen,
In der Heimat bleibt sein Herz.

Und er kommt, er kehret wieder,
Maurersinn in Hand und Blick,
Und er tritt in unsre Lieder,
Tritt in unser Fest zurück:
Unsre Säulen, unsre Hallen,
Dieses Raumes heil'ge Ruh,
Alles läßt ihm Hoch! erschallen,
Alles ruft Willkommen! zu.

So nun, all-umjubelt, schreiten
Fürst und Fürstensohn herein;
Einer Kette Zauber weihten
Sie wie uns zu Brüdern ein.
Folgen wir vereint dem Hammer,
Der uns mahnt an Bundespflicht:
Eine Kette, eine Klammer
Knüpf' uns fest und wanke nicht!

Zum maurerischen Jubelfeste des ehrwürdigen Bruders J. W. von Goethe I. 23. Juni 1830

Von Friedrich Peucer

Die goldne Kugel schimmre heut[60])
    Im allerreichsten Prangen;
Sein Bild sei für die Ewigkeit
    Bei Sternen aufgehangen;
Der ew'ge Lorbeer kränz' es ein.
O möchten wir so wahr, so rein,
Wie er uns dem Lichte weihn!

Die Zeit hat Flügel, flüchtig schwebt
    Dahin die vielgestalt'ge;
Wer klug sie nützet, der nur lebt,
    Der ist der Allgewalt'ge.
Er fand den echten Edelstein:
Wir wollen, fern von falschem Schein,
Wie er uns der Weisheit weihn!

Und was da wird, und was erscheint,
    Gestalten, Blumen, Töne,
In allen webt und blüht vereint
    Doch einzig nur das Schöne;
Nur Anmut gibt dem Trieb Gedeihn.
Wir wollen alle, groß und klein,
Wie er uns der Schönheit weihn!

Was klug ersonnen, schön vollbracht,
    Nur Stärke bringt ihm Dauer;
Dem Bau verleiht nur Geistesmacht
    Den Grund, die feste Mauer.
Dann mögen Stürm' und Wogen dräun,
Das Werk steht fest; drum stimmet ein:
Wir wollen wie er uns der Stärke weihn!

Ein Jubelmaurerfest wie dies,
    Nach fünfzig Sonnenwenden,
Macht unsern Saal zum Paradies.
    Auf! den Pokal zu Händen!
In seiner Sterne Frühlingsschein,
Laßt uns dies volle Glas mit Wein   .
Dem blühenden Meister der Meister weihn!

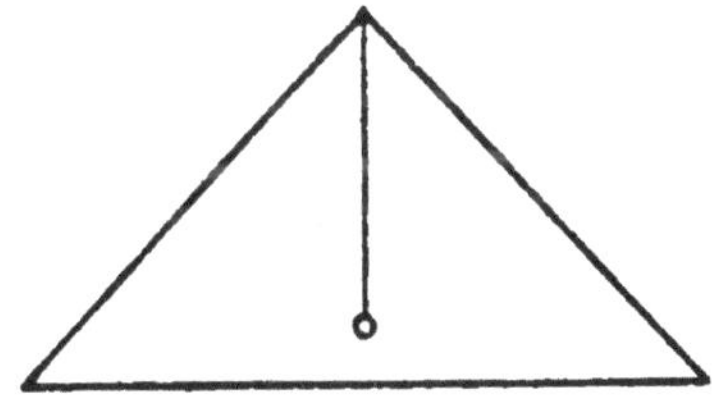

ANMERKUNGEN

¹) Die Logenbezeichnungen, die von dem Namen einer Person hergenommen sind, erhalten meist noch einen Zusatz abstrakter oder symbolischer Art, etwa mit Anspielung auf das Zeichen der Loge. Doch scheint der vollständige Name, wie er sich in Goethes Gutachten vom Jahre 1808 findet: Anna Amalia zu den drei Rosen, nie in Gebrauch gekommen zu sein.

²) Der im Ausgang des Jahres 1772 erörterte Plan, die Herzogin Amalia zur Amica et Protectrix Ordinis förmlich anzunehmen, war — wie aus dem Briefwechsel zwischen den Brr. von Bünau in Dresden und von Fritsch in Weimar hervorgeht — weniger von dem Wunsche eingegeben, der Fürstin eine Ehre zu erweisen, als von der Hoffnung, sie werde dann um so sicherer die dauernde Unschädlichmachung des Betrügers Johnson (vgl. Anm. 49) billigen und den künftigen Herzog Karl August dem Orden geneigt zu machen helfen. Der von dem Freih. von Hund gebilligte Plan wurde nicht ausgeführt, weil es der edlen Denkart der Fürstin widersprach, von Johnson oder auch von einem ehrenwerten Bruder Mitteilungen über „Ordensgeheimnisse" entgegenzunehmen.

³) Er zeichnet in allen Logenprotokollen: Freiherr v. Fritsch, M. v. St. — Jedoch blieb in der Amalia, obwohl sie stets in deutscher Sprache arbeitete, die Bezeichnung Très-Vénérable (gelegentlich auch Maître-en-chaire) bis 1782 ebenso gebräuchlich, wie die Namen Apprentif-Loge, Compagnon-Loge, Maître-Loge.

⁴) Sie fand statt im größeren Saale des Hauptmannschen Hauses, das dem Wohnhause des Frh. v. Fritsch, dem späteren Wittumspalais, wo die Logenarbeiten abgehalten wurden, ganz nahe lag.

⁵) C. v. Beaulieu-Marconnay: Anna Amalia, Carl August und der Minister von Fritsch. Weimar 1874. — S. 208.

⁶) Johann Joachim Christoph Bode, geboren 16. Januar 1730 zu Barum in Braunschweig, gestorben 13. Dezember 1793 zu Weimar, gehört zu denjenigen merkwürdigen Männern seines Zeitalters, die sich durch Wissens- und Tatendrang aus überaus engen Verhältnissen zu angesehener und einflußreicher Stellung emporarbeiteten (es sei nur noch an Heinrich Jung, genannt Stilling, erinnert, welcher gerade auch in seiner eigenen Lebensbeschreibung wie in seinen Romanen sich vielfach mit geheimen

Gesellschaften beschäftigt). Gleich seinem Vater war Bode zunächst Musiker in einem braunschweigischen Regiment, war dann, durch eifriges Selbststudium vorbereitet, als Musik- und Sprachlehrer in Hamburg tätig, errichtete dort eine Buchdruckerei und, in Gemeinschaft mit Lessing, die freilich nicht lange bestehende „Gelehrtenbuchhandlung", und veröffentlichte später viel gelesene Übersetzungen der Romane der englischen Humoristen und der Betrachtungen Montaignes. Von 1778 an hielt er sich in Weimar auf, wohin die Witwe des dänischen Ministers Grafen Bernstorff ihn als ihren Geschäftsführer berufen hatte. Mit Wieland, Herder und Bertuch war er befreundet, von verschiedenen Fürsten durch Titel ausgezeichnet (er war meiningischer Hofrat, gothaischer Legationsrat, darmstädtischer Geheimrat). Hervorragend war seine Tätigkeit auf dem Gebiete der Freimaurerei. In diesem Interesse machte er wiederholte Reisen in Deutschland und Frankreich und gab eine Reihe von Schriften heraus. 1761 in der Loge Absalom in Hamburg aufgenommen, wurde er 1765 zu ihrem Meister v. St. erwählt, welches Amt er, selbst nach der Übersiedelung nach Weimar, bis 1780 bekleidete. Er machte sich mit allen als Reformen vorgeschlagenen Neuerungen in der Freimaurerei bekannt, nahm daran tätigen Anteil, gehörte auch kurze Zeit dem Illuminatenorden an. 1787 gründete er mit Zustimmung des Freiherrn v. Dalberg in Erfurt die Loge Karl zu den 3 Rädern. Sein „glühender Eifer für das reine Masonentum", wenn er ihn auch manchmal irre leitete, wird von unbefangenen Forschern gern anerkannt. — Sein Grabstein, am Südportal der Hofkirche in Weimar, rühmt von ihm selbst: Rastlos und mutig beförderte er Wahrheit, Aufklärung und Menschenwohl.

⁷) Daher hatte schon im September 1780 der Ordensgroßmeister Ferdinand von Braunschweig ein Rundschreiben erlassen, worin ein Generalkonvent für alle Großlogen als das einzige Mittel bezeichnet wird, den Orden zu retten, ihm eine dem Genius und den Sitten des Jahrhunderts angemessene Gestalt zu geben, und ihn auf seine wahren Grundsätze zurückzubringen. Nur gingen die Vorbereitungen zu diesem Konvent so langsam, daß ein zweites Rundschreiben über den Zweck desselben erst am 18. Juni 1781 erschien. Die darin auf den 15. Oktober desselben Jahres festgesetzte Versammlung konnte jedoch erst am 16. Juli 1782 in Wilhelmsbad bei Hanau abgehalten werden.

[8]) Georg Hamberger, Hofgerichtsdirektor in Jena. — Christian Loder (später von L.), 1753 in Riga geboren, Professor der Medizin in Jena, von 1803 an in Halle, gestorben in russischen Diensten 1832 zu Moskau.

[9]) Der Zwiespalt soll zwischen Bertuch und Bode ausgebrochen sein. Wie er sich geäußert hat, läßt sich um so weniger vermuten, als beide Brüder, von gleichem Eifer für die Freimaurerei beseelt, in ihren Grundanschauungen einander ganz nahegestanden haben mögen. Vielleicht kam aber diese Näherung erst später zum Ausdruck. — Friedrich Justin Bertuch, in Weimar 1747 geboren und 1822 gestorben, war, nachdem er sein theologisches Studium aufgegeben, in Döbitschen bei Altenburg als Erzieher tätig, kam 1773 nach Weimar zurück, wurde 1775 Kabinettssekretär, 1785 Legationsrat, und genoß namentlich wegen seiner geschäftlichen Tüchtigkeit großes Vertrauen von seiten Karl Augusts. Er machte sich bekannt als Übersetzer aus dem Französischen und Spanischen, als Herausgeber der Jenaischen Literaturzeitung, des Journals des Luxus und der Moden, der geographischen Ephemeriden, des 12 bändigen Bilderbuchs für Kinder und als Begründer des zur Förderung dieser Unternehmungen bestimmten Landesindustriecomptoirs in Weimar. — Er wurde am 30. September 1776 in die Loge Amalia aufgenommen, wurde der tatsächliche Vermittler ihres Anschlusses an die Große Loge von Hamburg, war 1808 bis 1810 Meister v. St., dann deputierter Meister und gab 1813 „Gesänge für Freimaurer zum Gebrauche aller deutschen Logen" heraus. — Vgl. die Aufsätze von H. Wernekke „Bertuch und Wieland", und „Friedrich Justin Bertuch", in der Hamb. Zirkelkorr., Nr. 149 und Nr. 169; ferner von Heinr. Döring in Brockhaus' „Zeitgenossen", Bd. 5 (Leipzig 1826), und Friedrich Justin Bertuch, von Dr. Friedr. Feldmann (mit der Rede des Kanzlers v. Müller auf Bertuch). Saarbrücken 1902.

[10]) Nach einer anderen Angabe (bei F. L. Schröder) führte diesen Ordensnamen ein älterer Friedrich v. Witzleben, der schon 1764 in Altenberge aufgenommen war.

[11]) Friedrich Wilhelm Ludwig v. Beulwiz (1755—1829), Geheimrat und Minister des Fürsten von Rudolstadt, 1775 in Weimar zum Freimaurer aufgenommen, war Meister v. St. der Loge Günther zum stehenden Löwen in Rudolstadt, die sich 1801 an Hamburg anschloß, bis zu seinem Tode.

¹²) Das Schrödersche Ritual und Herders Einfluß auf seine Gestaltung. Hamburg, F. W. Rademacher, 1904.

¹³) Die zurückgesandten Briefe, ebenso wie die, welche 1808 Bertuch an Schröder richtete, sind leider nicht erhalten. Die persönliche Unsicherheit, in der sich Schröder unter der Napoleonischen Herrschaft wegen seiner unverhohlen geäußerten vaterländischen Gesinnung, seiner Fürsorge für politische Flüchtlinge befand, nötigte ihn, einen Teil seiner Papiere zu verbrennen.

¹⁴) Christian Gottlob (von) Voigt (der Ältere; der Sohn hatte dieselben Vornamen) war Oberkammerpräsident und wurde 1815 Staatsminister. Geboren 1743 zu Allstedt, wurde er bald nach vollendetem Studium dort Justizamtmann, später Direktor des Ilmenauer Bergwerks und teilte als solcher Goethes mineralogische Interessen, ließ sich Schillers Berufung nach Jena angelegen sein und war zum Wohle des Landes unermüdet tätig, bis er 1819 starb. Zum Freimaurer auswärts (in Göttingen?) aufgenommen, scheint er sich der Loge Amalia erst nach deren Wiedererweckung angeschlossen zu haben, während gleichzeitig sein Sohn (Geh. Regierungsrat und Archivar, 1774 bis 1813) eintrat.

¹⁵) Hierzu darf die Bemerkung nicht unterdrückt werden, daß Goethe hierbei nur die Zustände im Auge haben konnte, wie sie in der deutschen Freimaurerei etwa während des letzten Viertels des vorausgegangenen Jahrhunderts bestanden hatten, die doch im Laufe der Zeit völlig anders geworden waren.

¹⁶) Joh. Jakob Griesbach, von 1775 bis zu seinem Tode 1812 Professor der Theologie in Jena.

¹⁷) Das Schreiben ist nicht, wie man zuweilen angenommen hat, von Goethe verfaßt, dessen Unterschrift allerdings an erster Stelle steht. Der Entwurf trägt auch den Randvermerk: vidi Carl August m. p. — Der Wortlaut ist folgender: Hochwürdigster Meister vom Stuhl, sehr ehrwürdige und geliebte Brüder! Zeit und Umstände veranlaßten uns, im Jahre 1784 (soll heißen 1782) die Arbeiten unserer Loge Amalia einzustellen und bis jetzt ruhen zu lassen; Zeit und Umstände raten und veranlassen uns anjetzt, unsere Loge Amalia wieder zu eröffnen und unsere Arbeiten in derselben wieder zu erneuern. Wir sind indessen als Maurer nicht untätig gewesen; wir haben in der Stille Welt und Menschen, den Geist der Zeit und die Resultate seines

Wirkens, den Fortgang der Maurerei zu ihrer Vervollkommnung
beobachtet und auch ohne Logenverband unsere Maurerpflichten
getreu zu erfüllen gesucht, so gut es uns möglich war. Mehrere
Erfahrungen, die wir indessen sammelten, und schätzbare Auf-
klärungen, die wir über Zweck und Wesen unseres Ordens
erhalten, haben bei uns den Entschluß bewirkt, bei unseren
Arbeiten das ehedem bei der Loge Amalia angenommene, anjetzt aber nicht mehr brauchbare System der strikten Observanz
zu verlassen und das weit mehr gereinigte, zweckmäßigere System
der Großen Provinzialloge von Niedersachsen zu Hamburg,
nach welchem auch Sie arbeiten, anzunehmen und uns mit ge-
dachter Provinzialloge zu vereinigen. Hierzu sind nun nicht
allein wir unterzeichneten Brüder Meister und Mitglieder der
Loge Amalia entschlossen, sondern es haben auch unsere anderen
hier lebenden mitunterzeichneten und anjetzt noch keiner anderen
als der ihrigen angehörenden Brüder sich mit uns zur Wieder-
eröffnung der Loge Amalia nach obengedachtem System mit
höchster Genehmigung des hochwürdigsten und durchlauchtigsten Bruders Karl August, unseres geliebten Herzogs und
Landesregenten, vereinigt. Wir erachten es daher für unsere
Pflicht, Sie von diesem Entschlusse zu benachrichtigen, und
hoffen gewiß, daß Ihnen diese Nachricht nicht allein zum Vergnügen gereichen werde, sondern auch, daß die Loge Amalia
bei der neuen Einweihung und Anordnung ihrer Arbeiten auf
gütige und brüderliche Unterstützung der Loge Günther zum
stehenden Löwen gewiß rechnen könne. Diese Unterstützung,
um welche wir Sie brüderlich bitten, würde vorzüglich in zwei
Stücken bestehen, nämlich 1. da wir gewisser Umstände wegen
die Loge Amalia nicht sogleich förmlich wiedereröffnen können,
sondern vor der Hand bloß in der Meisterkonferenz noch einige
Zeit arbeiten werden, daß Sie die bei unserer Loge Amalia
sich meldenden Kandidaten, wenn wir über ihre Aufnahme entschieden haben und sie Ihnen präsentieren, für uns und als
Mitglieder der Loge Amalia aufnehmen und avancieren; —
2. daß Sie uns selbst erlauben, uns vor der Hand und so lange
bis wir unsere Loge Amalia selbst wieder förmlich eröffnen,
als Mitglieder zu Ihrer Loge zu halten, wenn wir dies nicht
etwa schon sind, und an allen Ihren Arbeiten teilzunehmen.
Sie werden uns durch die gütige Erfüllung unserer Wünsche
und Bitten recht sehr verbinden und einen neuen Beweis Ihrer
brüderlichen Liebe geben. Von uns können Sie ebendies in
182

allen Fällen mit Zuversicht erwarten; denn wir wünschen nichts mehr, als Ihnen unsere Verehrung und brüderliche Liebe zu betätigen, mit welcher wir vom Osten bis zum Westen des Lebens verharren als Ihre treuverbundensten Brüder — Weimar, den 7. Mai 1808 — Wolfg. v. Goethe. C. v. Schardt. G. Voigt sen. Friedr. Justin Bertuch. Friedr. Gottfr. Ernst Egloffstein. Cornelius Joh. Rud. Ridel. Christian Friedrich Karl Böttger. Ludw. v. Schardt. Carl Bertuch jun. — Der frühere Meister vom Stuhl, Freih. v. Fritsch, hatte die Beteiligung abgelehnt, erklärte auch bald nachher, sein hohes Alter und die Unkenntnis des neu angenommenen Systems verstatteten ihm nicht, die Logenleitung zu übernehmen. Er hielt an den alten Formen so fest, daß er noch 1812 sich in einem an den Meister v. St. gerichteten Billet der Anrede „Très-Vénérable" bedient.

[18]) Karl Ludw. Fernow (1763—1808), Maler und Kunstschriftsteller, seit 1804 Bibliothekar der Herzogin Amalia.

[19]) Johannes Schulze (1786—1869), der spätere Leiter des höheren Unterrichtswesens in Preußen, damals Professor am Gymnasium in Weimar, gehörte nur kurze Zeit der Amalia an, da er, wegen unzufriedener Äußerungen in einer seiner Reden von Bertuch zurechtgewiesen, die Verbindung mit der Loge aufgab. — Zur Zeit von Wielands Eintritt hatte die Loge außer den neun Unterzeichnern des nach Rudolstadt gerichteten Schreibens (s. Anm. 17) folgende ordentliche Mitglieder: Dr. med. W. Wahl, Geh. Regierungsrat v. Voigt d. J., Kriegsrat Chr. Weyland, Prof. Joh. Schulze, Geheimsekretär F. A. (von) Conta, Oberhofmeister Hildebr. v. Einsiedel, Polizeipräsid. Karl Wilh. v. Fritsch (der spätere Meister v. St.), Landschaftssyndikus J. Chr. Schumann, Geh. Regierungsrat Friedr. v. Müller — welche meist in Rudolstadt oder Gotha aufgenommen waren. Von den Brüdern in Jena hatte sich niemand angeschlossen als der Buchdruckerherr J. K. Wesselhöft und der Postmeister K. A. Becker, welche früher der Loge in Allstedt zugehörten.

[20]) F. L. Zacharias Werner (1768—1823), der reichbegabte aber exzentrische Dichter, der später in Wien katholischer Priester und ein Aufsehen erregender Kanzelredner wurde, war zurzeit noch eifriger Protestant und Freimaurer, wie seine dramatischen Dichtungen: „Die Söhne des Tals" (1803) und „Martin Luther oder die Weihe der Kraft" (1807) erkennen lassen.

[21]) Über „Wieland und die Loge Amalia" handelt Heft XIV

der Freimaurer-Analekten (Weimar 1902), über Wielands Totenfeier Heft II (Weimar, 1813).

[22]) Goethes Erwartung, der Erbgroßherzog Karl Friedrich
werde der Loge beitreten, erfüllte sich nicht. Prinz Karl Bern-
hard war Karl Augusts zweiter Sohn, geboren 1792. Er war
1807—1814 Offizier im sächsischen, dann im niederländischen
Heere, 1848—1852 Kommandeur der niederländisch-ostindischen
Armee, machte Reisen in Italien, Frankreich, den Vereinigten
Staaten, Rußland, der Türkei, lebte nach der Rückkehr von
Java im Haag, im Sommer in Liebenstein, wo er 1862 starb.
Reges Interesse an der Freimaurerei betätigte er namentlich in
Dresden und in Belgien, wo er 1817 die Gründung von Militär-
logen in Brüssel und Gent veranlaßte. Vgl. G. Th. Stichlings
Gedächtnisrede: Herzog Bernhard von Sachsen-Weimar: Freim.-
Analekten 1863, und Starklof, Das Leben des Herzogs Bern-
hard von Weimar (Gotha 1866).

[23]) Cornelius Joh. Rud. Ridel (1759—1821) war in Hamburg geboren, wo er als Rechtsanwalt tätig war, wurde Landkammerrat in Weimar, 1787—1799 Erzieher des Erbgroßherzcgs
Karl Friedrich, 1817 Kammerdirektor. Als Student in Göttingen
zum Freimaurer aufgenommen, schloß er sich in Weimar der
Amalia an, der er dann auch seine zwei Söhne zuführte. Er
stand in enger Beziehung zu Schröder, entfaltete im Meisteramt,
das er neun Jahre bekleidete, eine bedeutende Wirksamkeit,
hinterließ zahlreiche maurerische Arbeiten und veröffentlichte
einen „Versuch eines alphabetischen Verzeichnisses der wich-
tigern Nachrichten zur Kenntnis und Geschichte der Freimaurerei" (Jena 1817).

[24]) Karl Bertuch (d. J.), zweiter Schaffner der Loge.

[25]) Das oben erwähnte Bedenken Goethes gegen Zulassung
der Frauen war durch Br. v. Müller den Brr. Voigt (Vater und
Sohn) mitgeteilt und sofort dem Meister v. St. gemeldet worden.

[26]) Karl Ludwig Friedrich von Mecklenburg-Strelitz (1741
—1816) war 50 Jahre hindurch ein eifriger und einflußreicher
Freimaurer, unter der strikten Observanz Protector Ordinis in
Hannover und Mecklenburg, später durch die Große Loge von
London Provinzialgroßmeister in den deutschen Staaten des
Königs von England, befreundet mit Schröder, dessen Ritual
er einführte, langjähriger Meister v. St. der Loge in Hildburghausen, deren Mitglied und Protektor sein Schwiegersohn, Herzog Friedrich, war.

184

[27]) Der Entwurf ist nicht vollständig erhalten, überdies, wie alle von Ridels Hand flüchtig geschriebenen Aufsätze, stellenweise kaum zu entziffern.

[28]) Abgedruckt in den Freim.-Analekten XIV, S. 13.

[29]) Vgl. über dieses und eine Reihe ähnlicher Bilder die Schrift „Goethes goldener Jubeltag", Weimar 1826 (S. 142—145) und den Aufsatz von A. Ott: „Eine freimaurerische Zeichnung Goethes", Hamb. Zirkel-Korresp. Nr. 182 (1903).

[30]) Freim.-Analekten VIII (Weimar, 1862), S. 25. — Vgl. C. Wiebe, Die Große Loge von Hamburg, S. 217.

[31]) Den Lebenslauf des dienenden Bruders zeichnete, seinem Schaffneramte gemäß, Br. v. Goethe II.

[32]) Die zuweilen ausgesprochene Annahme, daß Goethe diese einleitende Betrachtung in der Loge vorgetragen, ist irrtümlich. Er ist, wie gesagt, seit 1816 nicht mehr in die Loge gekommen. Zur Eröffnung der Trauerfeier hatte Br. v. Fritsch eine eigene Ansprache ausgearbeitet.

[33]) Freim.-Analekten Heft III. Weimar, 1825.

[34]) Br. v. Müller schildert es in seiner Gedächtnisrede auf Goethe. Wenn er darin erwähnt, wie Goethe am frühen Morgen des 3. September den Gefeierten im römischen Hause des Weimarer Parks überraschte, um ihm als „fromme Gabe unsrer Treue und Liebe" eine Denkmünze zu überbringen, so ist dies nicht so zu verstehen, als ob die Brüder der Amalia allein die Auftraggeber für diese Medaille gewesen wären. Die Prägung wurde angeregt von einem „Privatverein treuer Verehrer und Untertanen des Großherzogs", den Goethe, v. Müller, Coudray, Meyer und Riemer (die beiden letzteren gehörten nicht der Loge an) gebildet hatten. Beiträge zu den Kosten wurden dann in weiteren Kreisen gesammelt. Nach Verhandlungen mit Chr. Rauch und Fr. Tieck wurde schließlich der Medailleur H. F. Brandt in Berlin mit der Anfertigung betraut. Die Vorderseite wurde schon im Mai vorgelegt, mit Zustimmung aufgenommen und nur einige kleine „Wünsche der Gesellschaft" dazu geäußert. Sie zeigt den Kopf des Fürsten im Profil in einem reichen Lorbeerkranz. Für die Rückseite hatte Goethe nach Art dieses Kranzes den Tierkreis anzubringen vorgeschlagen, das Zeichen der Wage im obersten Felde (womit ebensowohl auf den Herbst des Jahres als des Lebens hingedeutet sein mochte): „hinter oder in demselben Andeutung des Sonnenbildes, und im mittleren runden Felde, welches der Zodiakus

umschließt, kommen 2 oder 3 Worte zu stehn". Die Berliner
Künstler gestalteten das etwas unbestimmte „Sonnenbild" in
den prächtig wirkenden Sonnengott um, der mit seinem Vier-
gespann aus den Wellen emporsteigt. Das Ende August fertig-
gestellte, „so wohlgeratene Kunstwerk" wurde von Goethe mit
lebhafter Freude begrüßt. S. Paul v. Bojanowski, Hundertund-
vierzig Jahre weimarischer Geschichte in Medaillen: 1756 bis
1896 — in der dem Großherzog Carl Alexander dargebrachten
Festschrift „Zum 24. Juni 1898".

[35]) Johann Nepomuk Hummel, der berühmte Tonkünstler,
ein Schüler Mozarts, 1778 in Preßburg geboren und 1837 in
Weimar gestorben, gehörte seit 1820 der Loge Amalia an.

[36]) Vgl. Goethes goldener Jubeltag. Weimar 1826.

[37]) Sein beständiges Wohlwollen für die Freimaurerei und
deren Reformator hatte Karl August auch bekundet bei der Errichtung der geheimen Druckerei in Jena, bei Br. Wesselhöft
(vgl. Anm. 20), wozu Schröder das Anlagekapital hergegeben
hatte. Die Druckerei sollte namentlich Arbeiten freimaurerischen
Inhalts übernehmen. Schröders Materialien zur Geschichte der
Freimaurerei, Ridels Alphabetisches Verzeichnis von Ergänzungen
dazu (vgl. Anm. 23) und verwandte Schriften sind dort hergestellt
worden. Die Druckerei wurde mit Genehmigung des Großherzogs im Juli 1815 eröffnet, und auf die schriftliche Dank-
sagung, die an ihn gerichtet wurde, ließ er durch Ridel mitteilen, „daß dem Großherzog dieser Dank angenehm gewesen
sei und derselbe nebst einem freundlichen Gruß die Versicherung erteilt, recht gern zu der Sache mitgewirkt zu haben".
Vgl. C. Wiebe, Die Große Loge von Hamburg und ihre Vorläufer. S. 184.

[38]) Freim.-Analekten, Heft IV. Weimar, 1828.

[39]) Obiger Bericht nach den Freim.-Analekten, Heft V.
Weimar, 1832. — Vgl. Dr. W. Bode, Goethes Persönlichkeit.
Drei Reden des Kanzlers Friedrich v. Müller. Berlin, 1901.

[40]) Die Rede wurde von Br. Oels (Hofschauspieler) vorgetragen, weil die innere Bewegung dem Verfasser nicht ge-
stattete, sie selbst zu sprechen.

[41]) H. E. A. Eichstadii D. oratio Goethii memoriae dicata.
Jenae, in libraria Braniana. 1832.

[42]) Foreign Quarterly Review. August 1832.

[43]) L'homme prodigieux du siècle, le génie le plus éminem-

ment philosophique de l'Allemagne. (Le Livre des Cent-et-un, Tome V.)

[44]) Sollte der Redner, von seiner brüderlichen Verehrung geleitet, hier nicht zu viel gesagt haben? Daß Goethe nicht immer die Bedeutung anerkannt hat, die der Maurerbund für die Ruhe und Sicherheit des Staates haben kann und soll, geht aus seinem mehrfach erwähnten Gutachten von 1807 hervor; und daß er mit dem ihm sehr freundlich gesinnten Herzog von Gotha in maurerischer Verbindung gestanden habe, läßt sich nicht nachweisen. Aus Gotha wird von sehr vertrauenswürdiger Seite mitgeteilt, daß in den zwischen Goethe und dem Herzog gewechselten Briefen von Freimaurerei (oder auch von Illuminatentum) nie die Rede sei. — Da Herzog Ernst 1804 gestorben war, F. v. Müller aber erst 1809 der Loge beitrat, also nicht auf unmittelbar gewonnener Kenntnis fußt, so erscheint er bezüglich dieses Punktes doch als ein zweifelhafter Gewährsmann.

[45]) Vgl. Anmerkung 34.

[46]) Über Goethes Veranstaltung zu Karl Augusts Jubelfeier schreibt ein Augenzeuge (in „Weimars Jubelfest am 3. September 1825"): Nach der Oper (mit der Aufführung von Rossinis Semiramis war an diesem Abende das neuerbaute Theater eingeweiht worden) eilte man noch zu einem Feste, das seiner Seltenheit und hohen Eigentümlichkeit wegen allem die Krone aufsetzte. Goethe gab nämlich an diesem Abend offenes Haus. Jedem, den die freie Neigung zu ihm führte, Einheimischen und Fremden, waren seine Türen gastlich geöffnet. „Der beglückteste Diener seines Fürsten," hatte er geäußert, „müsse an diesem Tage auch das Recht haben, ihn aufs ausgelassenste zu feiern, und daran, wer uneingeladen zu ihm komme, wolle er seine Freunde erkennen." Schon seit einigen Tagen war dieses Wort in der Stadt bekannt geworden, zu großer Freude der Einwohner, die ihren allverehrten Dichter nicht oft genug sehen konnten, und zu noch größerer Freude der Fremden, denen dadurch die beste Gelegenheit geöffnet war, dem Ersehnten auf die bequemste, heiterste Weise nahezutreten. Alle Zimmer waren auf das glänzendste erleuchtet und geschmückt. Rechts dem Saale waren Buffets mit den ausgesuchtesten Speisen und Getränken, die durch die anmutige Gegenwart der liebenswürdig sorgsamen Wirtinnen noch um vieles einladender wurden. Die übrigen Zimmer links des Saales waren für ein freies Auf- und Abgehen bestimmt; aus dem letzten derselben blickte das lebensgroße

Bild des Jubelfürsten, mit Rosen umkränzt, entgegen. Den hohen
Glanz der Gesellschaft anzudeuten, nennen wir bloß S. K. Hoheit
unsern verehrten Erbgroßherzog und sämtliche hohe in Weimar
anwesende Fürsten, Gesandte, Minister und ausgezeichnete
Fremde, sowie einen wahren Blütenkranz verehrter und reichgeschmückter Frauen: alles in glänzendster Gala, nur die Gelehrten und Künstler einfach schwarz gekleidet, wie ihr hoher
Meister selbst, dessen Brust an solchem Tage nur der Ordensstern seines Fürsten schmücken konnte. Mit bescheidener,
würdiger Haltung und stiller Freude empfing er die willkommenen
Gäste, und wie jeder sich beglückt fühlte, mit dem hohen Wirte
einige Worte gewechselt zu haben, so konnte er selbst aus so
zahlreicher Versammlung der bedeutendsten und neigungsvollsten
Menschen nur die angenehmsten Empfindungen schöpfen.

[47]) In seiner Schrift: Goethes Fortsetzung der Mozartschen
Zauberflöte (Berlin 1899) glaubt Dr. V. Junk dartun zu können,
daß Schikaneder die Geschichte des Sethos „in den Wiener
Freimaurerkreisen, wo sie gewiß bekannt war, kennen gelernt"
habe, und daß sich die Ähnlichkeit der Vorgänge auf Schritt
und Tritt verfolgen lasse. So wahrscheinlich er dies zu machen
versteht, bewiesen ist der direkte Zusammenhang zwischen dem
französischen (allerdings auch ins Deutsche übersetzten) Romane
und der deutschen Oper wohl nicht. Beschäftigung mit den
antiken Mysterien, namentlich der Ägypter, und abenteuerliche
Versuche, sie literarisch zu verwerten und praktisch nachzuahmen, entsprechen überhaupt der Richtung jener Zeit. — H. Boos
sagt in seiner Geschichte der Freimaurerei (Aarau 1894): „Bekanntermaßen repräsentiert die Königin der Nacht die Kaiserin
Maria Theresia, Monostatos das Pfaffentum, Sarastro den
Meister vom Stuhl (Freih. v. Born), Tamino den Kaiser Joseph II.
und Pamina das österreichische Volk. Papageno ist im Gegensatz zu den Eingeweihten, die durch Bestehung der drei Proben
geläutert werden, der Naturmensch, welcher sich seinen sinnlichen Trieben hingibt. Die Königin der Nacht, die Feindin
des Lichts, wird durch den Bund Taminos mit Pamina besiegt.
Aus diesem Bunde entspringt nun bei Goethe der Genius der
Aufklärung, den die heilige Priesterschaft, d. h. die Freimaurer,
beschützen." (S. 250.)

[48]) Auf Wilhelms Frage, zu welcher von diesen Religionen
insbesondere die Gesellschaft sich bekenne, wird ihm geantwortet: zu allen dreien, denn sie zusammen bringen eigentlich

188

die wahre Religion hervor. — Unzutreffend erscheint dem
gegenüber die Bemerkung von R. Stern (Goethe als Freimaurer;
Latomia 1860, S. 207): „Juden sind aus dem Sozialstaat aus-
geschlossen; denn sie erkennen das Prinzip der Humanität nicht
an. Goethe steht hiermit noch auf dem Standpunkte der strik-
testen Observanz." Nicht Goethes Standpunkt war der der
strikten Observanz; aber er hat diesen Standpunkt der Loge
noch zugetraut, nachdem er längst überwunden war.

49) Johnson a Fünen, eigentlich Johann Samuel Leuchte, von
dunkler Herkunft, der als ein Mensch von fast abschreckendem
Gesicht und sehr geringer Bildung geschildert wird, wurde nach
vielfachen Abenteuern 1764 entlarvt, auf der Flucht im folgenden
Jahre gefangen genommen und auf Veranlassung des Freih. J. v.
Fritsch nach der Wartburg gebracht. Hier blieb er in demselben Zimmer, das einst Luther bewohnt, bis zu seinem Tode,
1775, eingesperrt. Sein Versuch, durch Enthüllung von Ordens-
geheimnissen sich bei der Herzogin Anna Amalia in Gunst
zu setzen und seine Begnadigung zu erreichen, war mißlungen
(s. oben Anm. 2).

50) Geschichte der Großen National-Mutter-Loge zu den
drei Weltkugeln. Berlin, 1875. S. 82.

51) H. A. O. Reichard. Seine Selbstbiographie hrsg. von
H. Uhde. Stuttgart, 1877. S. 166.

52) Der Großkophta, der sich selbst zum Haupte der kop-
tischen oder ägyptischen Maurerei erklärt hat, erscheint bei
Goethe persifliert als „Conte di Rostro impudente". In Goethes
Briefwechsel mit Lavater wird Cagliostro öfter erwähnt, und
in Eckermanns Gesprächen wird unter dem 17. Februar 1829
berichtet: „Lavater, sagte Goethe, glaubte an Cagliostro und
dessen Wunder. Als man ihn als einen Betrüger entlarvt hatte,
behauptete Lavater, dies sei ein andrer Cagliostro; der Wunder-
täter Cagliostro sei eine heilige Person." — Auffällig ist die in
neuester Zeit von theosophischer Seite unternommene Ehren-
rettung des sonderbaren Heiligen.

53) Kaum ist es nötig zu bemerken, daß dieser Anschluß
nicht nur Reinigung des Rituals, sondern auch Läuterung der
Lehrart bedeutet. An Schröders Grundsätzen hat die Große
Loge von Hamburg seitdem festgehalten. Über ihre gegenwärtige, in Deutschland übrigens fast allgemein gültige Auffassung von der Freimaurerei findet sich in dem schon erwähnten Werke: Die Große Loge von Hamburg und ihre Vor-

läufer, von ihrem Ehrengroßmeister C. C. Wiebe folgende Erklärung (S. 2): Die Freimaurerei bezweckt, in einer zumeist den Gebräuchen der zu Bauhütten vereinigten Werkmaurer entlehnten Form, die sittliche Veredlung des Menschen und menschliche Glückseligkeit überhaupt zu fördern. Sie will durch ihre in symbolischem Gewande gebotenen Lehren in gewissem Sinne erzieherisch auf ihre Mitglieder einwirken; sie will in ihnen den Sinn für Männerfreundschaft, Menschenwohl, für alles Edle und Hohe beleben und fördern; sie will dadurch ihre Anhänger zu nützlichen, dem Fortschritte und der Weiterentwicklung der Kultur dienenden Mitgliedern heranbilden; sie will dem Reinmenschlichen dienen. — Was sie nicht will, läßt sich ebenfalls genau zum Ausdruck bringen. Sie will nicht mit Religion, Politik und Staatsverwaltung sich beschäftigen. Sie will nicht etwa ein Staat im Staate und ebensowenig eine Religionsgemeinschaft sein. Daher verlangt sie von ihren Mitgliedern Gehorsam gegen die Gesetze des Staates und läßt ihnen in Fragen der Religion die Freiheit, ihren Glauben an Gott als den allmächtigen Baumeister der Welt in der ihnen durch Geburt oder Erziehung innewohnenden Weise nach ihrer Überzeugung zu betätigen.

[54]) Goethes hierher gehörige Äußerungen sind mit vielem Fleiß zusammengestellt in „Goethe und der Materialismus". Von Max Seiling. Leipzig, 1904.

[55]) Hettner, Geschichte d. deutschen Literatur im 18. Jahrh. 2. Teil, S. 575.

[56]) Für diese Schlußbetrachtung, deren Unzulänglichkeit ich mir nicht verhehle, habe ich einige Gedanken und Wendungen entliehen aus der Rede von Dr. A. Brennecke: Goethe als Freimaurer (Sonderabdruck aus der „Bauhütte"; Leipzig, 1875). Bei der Knappheit der Fassung und der Schlichtheit des Ausdrucks will sie mir mehr zusagen, als die umfangreiche rhetorische Leistung von Dr. E. Ch. W. Weber (Professor am Gymnasium zu Weimar), die als Festrede zu Goethes 100. Geburtstage der Loge Amalia dargeboten wurde (Freimaurer-Analekten, Heft VII. Weimar 1849).

[57]) Anspielung auf eine Denkmünze, die die Loge zu Wielands Geburtstage hatte prägen lassen. Sie zeigt auf der Vorderseite den Kopf des Gefeierten, auf der Rückseite eine auf drei Stufen gelagerte Sphinx, umgeben von einem Rosenkranze und der Inschrift: Dem 80. Geburtstage die Loge Amalia. Weimar, d. 5. Sept. 1812. — Die bei Gruber, Chr. Mart. Wieland, Bd. II,

S. 542, abgebildete, auf deren Rückseite eine Leier mit darüber
schwebendem Stern und die Inschrift: Dem unsterblichen Sänger
— erscheint, ist die Gedächtnismünze, die wenige Monate nachher durch seinen Tod veranlaßt wurde. Vgl. Freim.-Analekten
Heft XIV (Abbildung am Eingange).

[58]) Wielands Rede über das Fortleben im Andenken der
Nachwelt, in der Loge Amalia vorgetragen am Stiftungsfest,
24. Okt. 1812 (abgedruckt Freim.-Anal. XIV, S. 37).

[59]) Von Goethes besondrem Interesse für Ridel zeugt folgende Mitteilung des Kanzlers v. Müller (22. Januar 1816):
Goethe war sehr unzufrieden, daß ich nicht tags vorher an Ridels
Grabe gesprochen; ich hätte alles Bedenken beseitigen, noch
im letzten Augenblicke mich zum Improvisieren entschließen,
den Mantel wie eine Verhüllung abwerfen und frei und er-
greifend vortreten und sprechen müssen; da würden leicht
unvertilgbare Eindrücke hervorzurufen gewesen sein. „Doch,
sagte er, man muß auch regrets im Leben haben." In bezug
auf die vorhabende Trauerrede in der Loge meinte er, man
müsse sich mehr historisch als pathetisch halten, nekrologartig.

[60]) Wie man nach Verlauf von 50 Jahren einen Ehebund
neu zu weihen, ein akademisches Diplom zu erneuern pflegt,
so denkt sich der Dichter, es finde nach 50 Jahren eine erneute Aufnahme in die Reihe der Brüder statt, welche bei der
Abstimmung darüber anstatt der sonst üblichen weißen Kugeln
jetzt goldene abgeben.

REGISTER

In ( ) gesetzt sind die Namen angeführter Verfasser. — Durch vorgesetzten * ist auf die Nummer der Anmerkung verwiesen.

192

Druck von Oscar Brandstetter, Leipzig.

In dritter Auflage erschienen:

Die Briefe der Frau Rath Goethe

Gesammelt und herausgegeben von Albert Köster

Zwei Bände

Leipzig 1905

Verlag von Poeschel & Kippenberg

Die Briefe der Frau Rath waren bisher nur verstreut gedruckt,
zum guten Teil in Zeitschriften und privaten Veröffent=
lichungen, an Stellen also, die der Allgemeinheit nicht zugänglich
waren. Es war Zeit, sie einmal gesammelt herauszugeben und in
all ihrem Reichtum reden zu lassen. Denn diese so seltsam unortho=
graphischen Briefe gehören zu dem Köstlichsten, was in deutscher
Sprache je geschrieben worden ist; sie würden ihren vollen Wert
behalten, auch wenn Frau Rath nicht die herrliche Mutter ihres
großen Sohnes gewesen wäre, auch wenn die vielfachen Beziehungen
zu den Besten ihrer Zeit, die in den Briefen wiederklingen, ihnen
nicht einen so besonderen Reiz verliehen. Frau Rath Goethe war,
was dem Sohne höchstes Glück der Erdenkinder galt, eine Per=
sönlichkeit. Als solche hat sie sich selbst ein unvergängliches
Denkmal in ihren Briefen errichtet; in ihnen spiegelt sich ihr
urwüchsiger, leuchtender Humor, ihre eigene Weise, auch die klein=
sten Dinge des Lebens liebevoll zu betrachten und sich daran zu
freuen, ihr feines Verständnis für das Wesen anderer und be=
sonders für den so oft verkannten Sohn, ihre Vorurteilslosigkeit
und Offenheit, ihre herrliche Art, zu sein, nicht zu scheinen.
Der Herausgeber, Professor Albert Köster in Leipzig, hat eine
feine Einleitung für das Buch geschrieben, hat auch die Briefe
— oft sehr zum Vorteil des Textes — noch einmal mit den Hand=
schriften verglichen.
So dürfen wir überzeugt sein, daß unsere Sammlung der Briefe
der Frau Rath freudige Aufnahme finden wird, nicht nur in der
weiten Goethe=Gemeinde, sondern bei allen, die empfänglich sind
für die Ausstrahlungen eines großen und edlen Menschen.

Poeschel & Kippenberg

Preis geheftet M 10.—, gebunden in Halbfr. M 14.—